APRENDIZAGEM
AUTORREGULADA

Dados Internacionais de Catalogação na Publicação (CIP)
(Câmara Brasileira do Livro, SP, Brasil)

Aprendizagem autorregulada : como promovê-la no contexto educativo? / Evely Boruchovitch, Maria Aparecida Mezzalira Gomes (organizadoras). – Petrópolis, RJ : Vozes, 2019.

Vários autores.
Bibliografia.
ISBN 978-85-326-5996-5

1. Aprendizagem 2. Educação – Finalidades e objetivos 3. Formação continuada 4. Pedagogia.
I. Boruchovitch, Evely. II. Gomes, Maria Aparecida Mezzalira.

18-21515   CDD-370

Índices para catálogo sistemático:
1. Aprendizagem autorregulada : Educação   370

Maria Alice Ferreira – Bibliotecária – CRB-8/7964

Evely Boruchovitch
Maria Aparecida Mezzalira Gomes
(Organizadoras)

APRENDIZAGEM AUTORREGULADA

Como promovê-la no contexto educativo?

EDITORA VOZES

Petrópolis

© 2019, Editora Vozes Ltda.
Rua Frei Luís, 100
25689-900 Petrópolis, RJ
www.vozes.com.br
Brasil

Todos os direitos reservados. Nenhuma parte desta obra poderá ser reproduzida ou transmitida por qualquer forma e/ou quaisquer meios (eletrônico ou mecânico, incluindo fotocópia e gravação) ou arquivada em qualquer sistema ou banco de dados sem permissão escrita da editora.

CONSELHO EDITORIAL

Diretor
Gilberto Gonçalves Garcia

Editores
Aline dos Santos Carneiro
Edrian Josué Pasini
Marilac Loraine Oleniki
Welder Lancieri Marchini

Conselheiros
Francisco Morás
Ludovico Garmus
Teobaldo Heidemann
Volney J. Berkenbrock

Secretário executivo
João Batista Kreuch

Editoração: Maria da Conceição B. de Sousa
Diagramação: Sheilandre Desenv. Gráfico
Revisão gráfica: Nilton Braz da Rocha / Nivaldo S. Menezes
Capa: Idée Arte e Comunicação
Ilustração de capa: ©Kruwt | istock

ISBN 978-85-326-5996-5

Editado conforme o novo acordo ortográfico.

Este livro foi composto e impresso pela Editora Vozes Ltda.

Para Tiago, Lívia e Nelson, meus amores.
Gratidão, Gratidão, Gratidão!

Para Antônio Luiz,
Vera Sílvia, Sandra Eliane e Simone Regina,
Leonardo e Raphaela.
Meus tesouros e minha alegria.

Sumário

Apresentação, 9

Parte I – Como promover a aprendizagem autorregulada na educação básica?, 17

1 O modelo de aprendizagem autorregulada de Barry Zimmerman – Sugestões práticas para desenvolver a capacidade de planejar, monitorar e regular a própria aprendizagem no contexto da educação básica, 19

Maria Aparecida Mezzalira Gomes e Evely Boruchovitch

2 Compreensão autorregulada da leitura – Como promovê-la em estudantes da educação básica?, 39

Maria Aparecida Mezzalira Gomes e Evely Boruchovitch

3 Como promover a autorregulação da escrita no Ensino Fundamental?, 70

Elis Regina da Costa e Evely Boruchovitch

4 Como promover a autorregulação emocional de crianças e adolescentes no contexto educacional, 96

Miriam Cruvinel e Evely Boruchovitch

Parte II – Como promover a aprendizagem autorregulada na formação inicial e continuada de professores?, 123

5 Sugestões práticas para desenvolver a capacidade de planejar, monitorar e regular a própria aprendizagem no contexto da formação inicial e continuada de professores, 125

Evely Boruchovitch e Maria Aparecida Mezzalira Gomes

6 Como promover a autorregulação da aprendizagem de futuros professores – Descrição de um programa no Ensino Superior, 145
Danielle Ribeiro Ganda e Evely Boruchovitch

7 Formação continuada de professores – Sugestões práticas para a promoção da autorreflexão e motivação para o aprender, 169
Amélia Carolina Terra Alves Machado e Evely Boruchovitch

8 Orientações teóricas e práticas para trabalhar o mapa conceitual em sala de aula, 192
Natália Moraes Góes e Evely Boruchovitch

Posfácio, 213

Sobre as autoras, 219

Apresentação

A promoção da aprendizagem autorregulada é uma das principais metas educacionais nos dias de hoje. A aprendizagem autorregulada é o processo pelo qual indivíduos ativam, orientam, monitoram e se responsabilizam pela sua própria aprendizagem. Requer a integração dos fatores cognitivos, metacognitivos, afetivos, motivacionais e comportamentais envolvidos no aprender. Pesquisas mostram que a capacidade para a aprendizagem autorregulada é passível de ser fomentada durante a escolarização formal. A perspectiva da aprendizagem autorregulada concebe o estudante como protagonista de sua própria aprendizagem e tem se mostrado fundamental em todos os segmentos da escolarização, sobretudo para um país como o Brasil, que enfrenta inúmeros problemas no âmbito educacional. É uma perspectiva que muito vem contribuindo para fortalecer a capacidade de aprender a aprender dos estudantes. Defende que mais do que aprender os fatos, os alunos devem se empoderar dos processos psicológicos pelos quais aprendem. Pesquisas apontam a existência de processos de controle executivo ou habilidades metacognitivas que podem ser intencionalmente utilizados para regular a cognição, o processamento da informação, a motivação e os afetos, entre outros fatores que interferem na aprendizagem de qualidade.

Diz-se que um estudante é autorregulado quando age metacognitivamente para aprender, isto é, planeja o estudo; utiliza estratégias cognitivas e metacognitivas de aprendizagem; monitora se está, ou não, aprendendo; regula os seus estados motivacionais e emocionais; avalia seu desempenho. Alunos autorregulados possuem características motivacionais, metacognitivas e comportamentais que potencializam o seu aprendizado. A aprendizagem autorregulada pode ser analisada de dois pontos de vista complementares. Do ponto de vista do aluno, procura analisar os fatores que dependem do sujeito; do ponto de vista contextual, examina o ambiente físico e social onde ocorre a aprendizagem e, de um modo especial, a importância da atuação do professor. Professores motivados e autorregulados são mais aptos a desenvolverem a autorregulação dos seus alunos.

Um dos desafios da agenda de pesquisa nacional acerca da aprendizagem autorregulada é como promovê-la no contexto educativo brasileiro. Nesse sentido, a presente obra pretende descrever práticas e procedimentos que desenvolvem a consciência metacognitiva necessária à autorregulação de docentes e estudantes. Os autores que participam desta obra realizaram, sob a orientação da Profa.-Dra. Evely Boruchovitch, várias pesquisas relacionadas aos temas desenvolvidos, ao longo de seus 23 anos, na Faculdade de Educação da Universidade Estadual de Campinas (FE/Unicamp), no Grupo de Estudos e Pesquisas em Psicopedagogia (Gepesp). Com base nos dados obtidos nessas investigações e na literatura da área criaram e examinaram a eficácia de um conjunto de atividades reflexivas que são o foco do livro. Essas atividades, exercícios e instrumentos poderão ser utilizados nos diversos níveis do ensino e/ou em cursos de formação e capacitação de estudantes, professores, educadores, psicopedagogos, psicólogos escolares e educacionais, gestores, entre outros.

Como a temática da aprendizagem autorregulada tem ampla aplicabilidade no meio educacional, nos diversos segmentos da escolaridade, desde o Ensino Fundamental até o Ensino Superior, principalmente na formação de professores, os pesquisadores envolvidos nesses estudos desejam compartilhar o conhecimento construído ao longo desses anos, já amplamente divulgados em congressos nacionais e internacionais, assim como em artigos científicos, ao público em geral; particularmente, pesquisadores, psicopedagogos, psicólogos, professores, educadores, estudantes de graduação e pós-graduação, entre outros. Seus capítulos foram cuidadosamente redigidos com ampla fundamentação científica, porém em linguagem acessível a todos os interessados em questões de Psicologia, Educação e Desenvolvimento Humano. Em consonância, o livro foi organizado em partes: a Parte I engloba os capítulos orientados ao fomento dos processos autorregulatórios na educação básica. A autorregulação na formação inicial e continuada de professores é a temática da Parte II.

O leitor encontrará no capítulo 1, intitulado "O modelo de aprendizagem autorregulada de Barry Zimmerman – Sugestões práticas para desenvolver a capacidade de planejar, monitorar e regular a própria aprendizagem no contexto da educação básica", de autoria de Maria Aparecida Mezzalira Gomes e Evely Boruchovitch, uma breve descrição dos pressupostos teóricos do modelo de Zimmerman e as variáveis-chave nele presentes, uma vez que esse modelo norteou a elaboração das atividades reflexivas e propostas de intervenção contidas na maioria dos capítulos desta obra. Ênfase será dada ao relato de atividades, exercícios e instrumentos desenvolvidos para o fomento dos processos autorregulatórios no contexto da educação básica, com a expectativa de que eles possam ser utilizados pelos leitores interessados e que se indagam sobre como fazer para desenvolver e fortalecer a regulação da aprendizagem de estudantes em suas possíveis e potenciais salas de aula.

Considerando a relevância da leitura para todas as disciplinas escolares e acadêmicas, bem como para a vida pessoal e social dos indivíduos, o capítulo 2, "Compreensão autorregulada da leitura – Como promovê-la em estudantes da educação básica?", de Maria Aparecida Mezzalira Gomes e Evely Boruchovitch, as autoras desse tema mostram a relevância da compreensão autorregulada da leitura, ao longo de todo o percurso escolar, assim como para adultos escolarizados que devem tomar consciência de eventuais falhas no seu percurso educativo. Defendem que é possível promover a melhoria em compreensão, por meio de apoio motivacional, orientação de estudos, estímulos ao desenvolvimento da consciência metacognitiva e do ensino explícito de estratégias cognitivas e metacognitivas específicas de leitura para serem utilizadas antes, durante e depois de ler. Propõem-se a explicar atividades reflexivas a serem desenvolvidas em diferentes momentos da aula tendo como objetivo o ensino das estratégias de leitura, a ativação da motivação e da consciência metacognitiva e a autoavaliação.

A produção de textos narrativos na perspectiva da aprendizagem autorregulada é o tema do capítulo 3: "Como promover a autorregulação da escrita no Ensino Fundamental?", de Elis Regina da Costa e Evely Boruchovitch, no qual seus autores descrevem os passos e os procedimentos de intervenção, para que os estudantes se tornem autorregulados na produção escrita, contribuindo assim para que os cursos de formação de futuros professores capacitem e propiciem meios para que os educadores saibam como analisar, ensinar e promover o uso de estratégias de aprendizagem adequadas em sala de aula.

A regulação das emoções, tema do capítulo 4, "Como promover a autorregulação emocional de crianças e adolescentes no contexto educacional", de Miriam Cruvinel e Evely Boruchovitch, vem sendo apontada como uma habilidade que deve ser promovida no contexto educativo. A literatura revela que crianças e adolescentes conhecem e empregam estratégias de regulação emocional; no entanto, há ainda muito que fazer no que se refere ao desenvolvimento e aperfeiçoamento dessas estratégias, em especial quanto à promoção dessas habilidades na escola. As autoras desse capítulo, além de apresentarem atividades que promovem a regulação das emoções no contexto de sala de aula, pretendem promover discussão e reflexão acerca da importância do emprego adequado de estratégias de regulação das emoções diante de situações e adversidades do dia a dia, de maneira a contribuir com a prática de educadores, psicopedagogos, psicólogos e outros profissionais da área com relação a essa importante variável, tão necessária para a conquista de interações sociais saudáveis e de qualidade.

Com base no modelo de aprendizagem autorregulada de Barry Zimmerman descrito no capítulo 1, o capítulo 5, intitulado "Sugestões práticas para desenvolver a capacidade de planejar, monitorar e regular a própria aprendizagem no contexto da formação inicial e continuada de professores", de Evely Boruchovitch e Maria Aparecida Mezzalira Gomes, inaugura a segunda parte da obra, oferecendo aos leitores um conjunto de atividades autorreflexivas implementadas e avaliadas que podem ser usadas na formação inicial de professores da educação básica, bem como em sua formação continuada. Apresenta também um passo a passo desenvolvido pela primeira autora que fundamentou vários procedimentos de intervenção para a melhoria da autorregulação de estudantes do Ensino Superior e trabalhos com professores em exercício. Recomenda-se a sua utilização em ações pedagógicas e psicopedagógicas de forma a potencializar os efeitos das atividades autorreflexivas propostas, no que concerne ao fortalecimento dos processos autorregulatórios daqueles que ensinam e/ou aspiram ensinar.

No capítulo 6, "Como promover a autorregulação da aprendizagem de futuros professores – Descrição de um programa no Ensino Superior", de Danielle Ribeiro Ganda e Evely Boruchovitch, as autoras mostram que para promover a autorregulação dos alunos é necessário que os professores sejam reflexivos e autorregulados. Descrevem procedimentos e instrumentos de uma intervenção inovadora (abordagem autorreflexiva), em contraposição à prática tradicional (abordagem expositiva teórica) que podem ser utilizados em programas destinados à formação inicial de professores. Apresentam evidências de que as atividades autorreflexivas e metacognitivas, bem como a escrita de um diário de aprendizagem, desenvolvido para ajudar o universitário em uma dupla perspectiva:

como aluno e como futuro professor, podem, de fato, auxiliar o participante, futuro docente, a se tornar um aluno e um docente mais estratégico e autorregulado.

A formação continuada é uma atividade fundamental para o desenvolvimento da carreira profissional e para o processo de aprendizagem do docente. Atualmente as pesquisas que investigam a formação de professores salientam a importância de eles conhecerem como se motivam e como concebem seus próprios processos de aprendizagem. Tais estudos argumentam ser necessário o uso de práticas autorreflexivas durante formação inicial e continuada de professores para que um processo de ensino aprendizagem mais eficiente possa ser fomentado.

Em consonância, no capítulo 7, "Formação continuada de professores – Sugestões práticas para a promoção da autorreflexão e motivação para o aprender", de Amélia Carolina Terra Alves Machado e Evely Boruchovitch, suas autoras trazem propostas eficazes para intervenção de caráter autorreflexivo baseadas nas teorias sociocognitivas da motivação, que podem ser implementadas na formação continuada de professores. A análise de casos críticos, discussão de situações de aprendizagem vivenciadas; exposição de conteúdos teóricos, motivacionais e autorreflexivos; atividade de aplicação à pratica pedagógica, dos conteúdos aprendidos e elaboração de diários de aprendizagem são alguns exemplos citados nesse capítulo.

No capítulo 8, "Orientações teóricas e práticas para trabalhar o mapa conceitual em sala de aula", as autoras Natália Moraes Góes e Evely Boruchovitch apontam a necessidade de que professores do Ensino Médio conheçam uma ampla gama de estratégias de aprendizagem (cognitivas e metacognitivas), tanto do ponto de vista teórico como do ponto de vista de como estudam e aprendem. Retratam, em detalhes, uma das dinâmicas desenvolvidas e trabalhadas no curso teórico-reflexivo *Estratégias de aprendizagem: aplicação no contexto educacional*, destinado a professores do Ensino Médio.

Fundamentos teóricos e orientações práticas para o trabalho com mapas conceituais, uma importante estratégia cognitiva de organização da aprendizagem, são apresentados e se constituem no foco principal desse capítulo.

As organizadoras desta obra reconhecem na perspectiva da aprendizagem autorregulada um marco teórico muito importante da psicologia educacional contemporânea. Identificam suas sólidas possibilidades de ações em níveis de diagnóstico, atuação e intervenção, com vistas ao fortalecimento dos processos de ensino-aprendizagem e ao empoderamento de seus atores sociais, durante a escolarização formal. Constatam também a escassez de obras publicadas dentro desse referencial teórico e consideram que o grande diferencial que o presente livro traz são as sugestões práticas com embasamento científico, numa linguagem acessível ao público a que se destina. Seus capítulos tentam responder a duas questões norteadoras que motivaram a organização do livro: *Como promover a autorregulação no contexto educativo? O que pode ser feito em termos práticos para o alcance dessa meta?* Assim, desejam que a leitura do livro seja muito valiosa e que instigue novas práticas pedagógicas. Por fim, acreditam, fortemente que seu conteúdo contribuirá não só para uma formação de professores estratégicos e autorregulados, mas também para a construção de uma cultura educacional preventiva que fomente o desenvolvimento metacognitivo e a autorregulação da aprendizagem como pontos fundamentais dos projetos psicopedagógicos das escolas e universidades.

Evely Boruchovitch
Maria Aparecida Mezzalira Gomes

Parte I

Como promover a aprendizagem
autorregulada na educação básica?

1
O modelo de aprendizagem autorregulada de Barry Zimmerman

Sugestões práticas para desenvolver a capacidade de planejar, monitorar e regular a própria aprendizagem no contexto da educação básica

Maria Aparecida Mezzalira Gomes
Evely Boruchovitch

Introdução

A preocupação de psicólogos e educadores relativamente aos estudantes que apresentam pouco ou nenhum progresso na aprendizagem vem de longa data. De fato, o fracasso escolar tem implicações que afetam não apenas a instituição escola, mas a sociedade como um todo. Teóricos e pesquisadores de diversas áreas apontam caminhos e possibilidades de enfrentamento dos problemas pessoais, psicossociais e econômicos que possam alavancar a meta de educação para todos assumida por 167 países na Cúpula Mundial de Educação em Dakar, no ano de 2000. Sem oportunidades de acesso e permanência na educação básica, sem o desenvolvimento de gestão e de ações inclusivas para estudantes com necessidades especiais e sem o acompanhamento do progresso dos alunos para evitar a evasão e a repetência, essas metas são utópicas. Por outro lado, são necessárias ações eficazes no sentido de formação de professores e educadores que sejam proativos e comprometidos com a causa educacional, de acordo com a sua competência e área de atuação.

Novas formas de aprender e modificações constantes no papel da escola nos dias de hoje trazem vários questionamentos e desafios à formação de professores. Diversos pesquisadores, de um modo especial aqueles ligados às teorias sociocognitivas da motivação, contribuíram para a construção do conceito de autorregulação que, aplicado à aprendizagem, abriu muitas perspectivas para a psicologia educacional. A perspectiva da aprendizagem autorregulada tem recebido muita atenção de pesquisadores e educadores. Promovê-la entre professores e alunos tem se constituído em importante meta a ser alcançada (VEIGA SIMÃO, 2004; ZIMMERMAN & SCHUNK, 2011). Ao apresentar uma visão de aprendizagem na qual o indivíduo pode se apropriar e fortalecer os processos psicológicos pelos quais aprende, envolve a complexa inter-relação de fatores cognitivos, metacognitivos, motivacionais, afetivos e comportamentais.

Existem vários modelos de aprendizagem autorregulada. Todos eles apresentam vantagens e desvantagens. No presente livro, optou-se por adotar o modelo de Barry Zimmerman (2000), por considerá-lo um modelo cíclico e dinâmico que mais esclarece como ocorrem as inter-relações entre os diferentes fatores cognitivos, metacognitivos, motivacionais, afetivos e comportamentais. Ademais, é também o modelo que foi mais aplicado ao contexto educacional quando comparado a outros (BORUCHOVITCH, 2014).

Pressupostos teóricos do modelo de Zimmerman e as variáveis-chave nele presentes têm norteado as pesquisas realizadas e as atividades práticas desenvolvidas pela primeira autora do presente capítulo, desde o seu ingresso como docente da Faculdade de Educação da Unicamp, em 1996. Assim, o presente capítulo tem como objetivo descrever brevemente os esforços realizados para a promoção da autorregulação da aprendizagem no contexto da educação básica (BORUCHOVITCH, 1993, 1994, 1999). Ênfase será dada ao relato de atividades, exercícios e instrumentos desenvolvidos para o fomento dos processos autorregulatórios no contexto educativo com a expectativa de que eles possam ser utilizados pelos leitores interessados e que se indagam sobre como fazer para desenvolver e fortalecer a autorregulação de estudantes em suas salas de aula.

Assim, na sequência, após uma breve apresentação do modelo teórico que inspirou as pesquisas realizadas e a construção de propostas de ação para o fomento da aprendizagem autorregulada em nosso meio, será apresentado um conjunto de atividades autorreflexivas para o fortalecimento dos processos autorregulatórios: planejar, monitorar e regular. Atividades autorreflexivas essas que podem ser adaptadas e aplicadas nos diversos segmentos da escolarização.

Uma breve descrição do modelo de Barry Zimmerman e conceitos-chave

Propõe-se aqui fazer uma introdução ao modelo de Zimmerman que foi construído por meio de estudos e investigação, ao longo de sua carreira, juntamente com outros pesquisadores, num clima estimulante e desafiador (ZIMMERMAN, 2013). Ele narra que, ao final da década de 1960, iniciando sua prática como psicólogo educacional, percebeu as carências de investigações acerca de aspectos cognitivos e sociais da aprendizagem, especificamente aqueles que se relacionavam à responsabilidade dos estudantes por sua vida acadêmica e por seu desempenho. Observa-se que nessa época ainda predominavam na psicologia os conceitos ligados ao behaviorismo, prescrevendo para a educação práticas baseadas nas técnicas de reforçamento. A partir, inicialmente, do conceito de modelagem (BANDURA & WALTERS, 1963; BANDURA, 1989), pouco conhecido e aplicado em educação, o autor explica o desenvolvimento da sua teoria, em parceria com esse autor, e, depois, com diversos pesquisadores e colaboradores, entre os quais menciona especificamente, Rosenthal, Schunk, além de Corno, Graham, Harris, Pressley, Pintrich, Pajares, Weinstein, Winne.

Desde muito cedo preocupado com o problema da "não aprendizagem", de muitos estudantes, Zimmerman ultrapassou a concepção de modelagem, limitada à pura imitação de atos motores e pesquisou as possibilidades da "modelagem cognitiva", inicialmente aplicada à resolução de problemas a partir da Educação Infantil (ZIMMERMAN, 2008, 2013). Descobriu que, aliando um raciocínio verbal à exposição do "modelo", os resultados positivos na aprendizagem desejada foram maximizados e os participantes se tornaram capazes de generalizar os conceitos apreendidos para tarefas desconhecidas. Passaram, pois, da *regulação social* para a *autodirigida*. Abriu-se, então, um vasto campo de pesquisa em autorregulação (ROSENTHAL & ZIMMERMAN, 1978; SCHUNK & ZIMMERMAN, 1997, 2008). Dessa forma, teve início a construção de um método instrucional destinado a melhorar a aprendizagem, o desempenho dos estudantes. Os estudos relacionados à metacognição e à motivação foram, igualmente, incorporados à pesquisa de Zimmerman e seus colaboradores (FLAVELL, 1979; PRESSLEY; BORKORWSKI & SCHNEIDER, 1989; SCHUNK & ZIMMERMAN, 1994; ZIMMERMAN, 1997, 1998, 2008).

Relativamente à Educação, Zimmerman (1989) definiu a aprendizagem autorregulada como o nível em que os estudantes são "metacognitivamente, motivacionalmente e comportamentalmente ativos e participantes em seus próprios processos de aprendizagem". Numa concepção triádica descreve três formas de autorregulação: pessoal (interna), comportamental e ambiental, numa dinâmica de ajustamento e adaptação recíproca que agem na dependência cíclica de três fontes de *feedback* para orientar adaptações estratégicas que modulam as aprendizagens. A autorregulação comportamental depende da auto-observação do próprio desempenho (comportamento) e do ajustamento estratégico dos modos de ação visando o êxito. A autorregulação ambiental também se dá por meio da monitoração das condições ambientais e seus efeitos nos resultados; envolve a regulação dessas condições que prejudicam, para adequá-las de modo mais favorável ao sucesso; a autorregulação interna dos pensamentos, sentimentos e crenças ocorre por meio da auto-observação, monitoramento, controle e utilização de estratégias tais como imagens mentais positivas acerca das condições ambientais e das possibilidades de ação. Embora distintas e independentes, é importante que a essas três formas de autorregulação atuem de forma sinérgica e interdependente para uma adaptação estratégica e eficaz na realização de uma habilidade.

Zimmerman (2013) defende a possibilidade de uma intervenção que se inicia por uma aprendizagem observacional e prossegue, passo a passo, para a autorregulação em quatro etapas. Os dois primeiros níveis são predominantemente sociais, isto é, dependem da observação e estimulação externa. Já os dois últimos têm como foco a autodireção, autocontrole e, finalmente, a autorregulação (SCHUNK & ZIMMERMAN, 1994; ZIMMERMAN, 2000). Na aprendizagem de uma língua estrangeira, por exemplo, num *primeiro nível* (observacional) predomina a modelagem cognitiva com reforço vicário (presença do modelo, no caso, o professor). A observação cuidadosa do modelo social enquanto aprende para executar uma habilidade, permite ao aluno induzir a forma correta da execução (modelagem cognitiva). Na aprendizagem de um idioma, seria a forma que o modelo pronuncia corretamente uma palavra em conversa com o falante nativo da língua. A aprovação do falante nativo é a fonte motivacional. O progresso nesse nível leva a uma percepção gradativa e qualitativa do desempenho do modelo (variações na precisão das pronúncias do falante). Num *segundo nível* predomina a estimulação, isto é, quando o modelo social se autocorrige na pronúncia errada, o observador pode discriminar melhor a qualidade do desempenho. Além disso, percebe a necessidade e o valor da fala precisa; isso serve de estímulo motivacional para se esforçar e melhorar a pronúncia correta. Não se trata de uma cópia da ação do modelo, mas a incorporação de um padrão geral ou estilo de funcionamento por meio da orientação, do *feedback* e do reforço recebidos (apoio social do professor, aliados à prática).

Os dois níveis de aprendizagem subsequentes são autodirigidos porque não dependem da presença concreta de modelos, e sim dos padrões de representação do desempenho dos modelos anteriormente observados. No *terceiro nível* o aprendiz poderá lançar mão, por exemplo, de imagens ou lembranças verbais do desempenho de um professor. O estudante obterá sucesso ao atingir esse padrão representado durante os esforços empreendidos na prática. A correspondência a esse padrão implicará a obtenção de autorreforço e/ou reforço social e, consequentemente, na automatização do comportamento. As estratégias de autorregulação neste nível se concentram mais nos processos de aprendizagem do que nos resultados então alcançados (BANDURA, 1986). Finalmente, no *quarto nível*, os estudantes podem adaptar sistematicamente seu desempenho às variações das mudanças das condições pessoais e contextuais, assim como é possível variação no uso de estratégias para a realização das tarefas, ajustando-as para a obtenção dos melhores resultados. Além disso, podem adaptar a prática às próprias características, sem dependência do modelo. A eficiência desse nível e o de habilidade atingido dependem da motivação e da percepção de autoeficácia (BANDURA, 1986).

A evolução do primeiro para o quarto nível se caracteriza, portanto, inicialmente, pela necessidade de apoio e orientação social mais intensa, e progressivamente reduzida na medida em que há o desenvolvimento da autorregulação. No quarto nível os recursos sociais continuam a ser importantes quando as novas tarefas exigem maior nível de habilidade e o aprendiz descobre alguma dificuldade ou limitação para realizá-las. Nesse caso poderá pedir ajuda e obter novas experiências de aprendizagem social. O percurso dos quatro níveis não significa uma sequência invariante, nem será universalmente utilizado. Um aspecto importante é que, quando um aluno tem competência para realizar uma tarefa de maneira autorregulada, poderá não fazê-lo se tiver níveis baixos de motivação (BANDURA, 1997). Outros obstáculos podem ser o nível exaustivo da tarefa que pode ocasionar desistências por cansaço, desinteresse ou não engajamento. No entanto, existem evidências que indicam haver velocidade e qualidade no desenvolvimento da autorregulação por meio dessa sequência multinível.

Pesquisas empíricas revelaram que ao estabelecer metas superiores de ação, da monitoração intencional da própria aprendizagem, da utilização de estratégias adequadas e de uma autoavaliação eficaz, os estudantes poderão atingir mais rapidamente os seus objetivos, mantendo-se motivados para persistirem nos esforços necessários para aprender. Zimmerman (2000) propõe, então, três fases cíclicas, mostrando as relações causais entre os processos de autorregulação da aprendizagem, as principais crenças motivacionais e os resultados da aprendizagem: a fase de antecipação ou previsão, a fase de desempenho e a referente aos processos autorreflexivos.

A *fase da previsão* é orientada para os objetivos de aprendizagem. Pressupõe uma análise da tarefa para prever as ações e os esforços necessários para empreendê-la, a definição de metas e o planejamento estratégico. Nessa fase, a automotivação depende das crenças e valores, da percepção de autoeficácia, das expectativas específicas e interesses. Os processos da *segunda fase* destinam-se a facilitar o autocontrole e o automonitoramento do desempenho. Referem-se às ações e aos comportamentos que os alunos realizam durante o processo de aprendizagem. Envolvem o emprego de uma variedade de estratégias de aprendizagem, tais como foco da atenção, a autoinstrução, solicitação de ajuda, estruturação do ambiente. Na *fase de autorreflexão* os estudantes se autoavaliam quanto à realização das metas e à eficácia das estratégias empregadas. Ocorrem após os processos de aprendizagem empreendidos e se destinam a otimizar as ações de uma pessoa para seus resultados por meio do *autojulgamento* (autoavaliação, atribuição causal) e a *autorreação* (autossatisfação/insatisfação, atitude adaptativa/defensiva). Essas autorreflexões, por sua vez, influenciam os processos de previsão e crenças antevendo os esforços subsequentes para prosseguir na aprendizagem, completando o ciclo da autorregulação.

Ao longo desses processos são previsíveis as diferenças quantitativas relativas à aprendizagem dependentes da qualidade na autorregulação dos estudantes. Alunos proativos distinguem-se nos seus processos autoavaliativos e em boas previsões. Deles podem ser esperados padrões cíclicos melhores e resultados mais favoráveis, ao contrário dos alunos reativos que falham nas autorreflexões, com prejuízo para sua percepção de autoeficácia e, consequentemente, dos resultados de aprendizagem. Na *fase de previsão*, os estudantes proativos concentram-se em definir específicos, proximais e objetivos desafiadores para si próprios e planejam mais eficazmente as estratégias cognitivas; são motivados por maiores crenças de autoeficácia, expectativas de resultado e objetivos de aprendizagem de maestria. Na *fase de desempenho*, os alunos proativos são igualmente motivados por essas crenças e expectativas; realizam processos de autocontrole que foram planejados durante a fase de previsão como, por exemplo, usar um esboço para produzir texto de uma história. Além disso, confiam em formas sistemáticas de auto-observação para orientar seus esforços de autocontrole, tais como o monitoramento metacognitivo e registros.

Na *fase de autorreflexão*, tendem a se autoavaliar com base no domínio desses objetivos; os seus julgamentos autoavaliativos são relacionados às atribuições causais sobre os resultados da aprendizagem, como por exemplo o uso de estratégias ineficazes (causas controláveis que geram maior senso de satisfação do que atribuições para causas incontroláveis). Por esse motivo fazem inferências adaptativas quanto às próprias falhas e erros, tais como modificar uma estratégia para resolver os problemas. Esses sentimentos positivos podem melhorar diversas formas de automotivação para que continuem com os esforços cíclicos para aprender. Além disso, as inferências adaptativas dos alunos proativos melhoram igualmente o planejamento estratégico e modificações nos objetivos, quando necessário.

Ao contrário, os alunos reativos apresentam diversos pensamentos, comportamentos e autojulgamentos pouco adaptativos nas diversas fases do ciclo, tais como: definem mal os seus objetivos, são menos automotivados para analisar tarefas, para selecionar metas ou planejar estrategicamente; têm dificuldade em auto-observação de um processo particular, porque não têm metas ou planos previstos na fase anterior para concentrar sua atenção. Muitas vezes não conseguem fazer uma autoavaliação, ou se o fizerem, recorrem à comparação social com colegas para avaliar sua eficácia pessoal; consequentemente, tendem a atribuir seus erros à falta de habilidade (causa incontrolável). Essa atribuição leva-os a se sentirem insatisfeitos, os desencoraja de novos esforços para aprender. Por isso, os estudantes reativos se baseiam em inferências defensivas para se proteger da futura insatisfação e aversão; apresentam então formas de desamparo, procrastinação, evitação de tarefas, desengajamento cognitivo e apatia. Em consequência, reduzem sua motivação para continuar e a falta de adaptação prejudica grandemente a qualidade de mais esforços para aprender. Este modelo cíclico de processo de autorregulação para aprender pode explicar, portanto, a persistência e o senso de pessoal realização de estudantes proativos, bem como a evasão e dúvidas de estudantes reativos.

Zimmerman (2013) refere-se à crescente evidência de que os professores podem melhorar a autorregulação de seus alunos significativamente durante a aula, bem como durante os trabalhos de casa. Explica que nem sempre os docentes oferecem aos alunos oportunidades frequentes de interação em sala de aula para orientar, estimular ou solicitar que corrijam tarefas e exercícios, desenvolver interesses, ensinar estratégias de aprendizagem. Como resultado, muitos alunos superestimam sua autoeficácia para aprender por não perceberem seu papel como aprendizes proativos. Esse problema na calibração impede que os alunos assumam iniciativas em processos autorregulatórios, como se envolver em estudos adicionais.

Na sequência, o leitor encontrará um conjunto de instrumentos e atividades que foram desenvolvidas, aplicadas e avaliadas em estudantes da educação básica.

Sugestão de roteiro para intervenção em autorregulação para estudantes da educação básica

Professores reflexivos e autorregulados se empenham em desenvolver a autorregulação dos seus alunos. Para isso, não basta transmitir informações. A aprendizagem requer um trabalho conjunto do professor e de cada aluno. Importa, pois, observar cada aluno para conhecê-lo e poder ajudá-lo. É um trabalho progressivo e constante. Deve-se considerar também que cada tipo de aprendizagem exige habilidades diferentes, cada disciplina do currículo exige um tipo de raciocínio e de estratégias de aprendizagem específicas, e essas estratégias podem e devem ser ensinadas (DEMBO, 2000; GRAHAM; HARRIS & MASON, 2005; HATTIE; BIGGS & PURDIER, 1996; SOUVIGNIER & MOKHLESGERAMI, 2006).

É importante levar em conta as atividades específicas do conteúdo da disciplina, assim como aquelas destinadas a despertar e manter o sentimento de autoeficácia e a motivação dos estudantes, para que se envolvam nas tarefas, assumindo um compromisso com a própria aprendizagem. Outras atividades importantes são as que orientam os estudantes a organizar o material e o ambiente de estudo, a planejar as suas atividades de forma autônoma, a reconhecer e utilizar as estratégias cognitivas e metacognitivas gerais e específicas, tais como, descritas em Boruchovitch (1999), com base na literatura da área, as estratégias cognitivas (estratégias de ensaio, elaboração e organização); estratégias metacognitivas (estratégias de planejamento, monitoramento e regulação) e estratégias de administração de recursos (administração do tempo, organização do ambiente de estudo, administração do esforço e busca de apoio a terceiros).

A seguir, resumidamente, serão apresentadas algumas questões reflexivas para serem dadas oralmente ou por escrito aos alunos e discutidas com a turma (GOMES, 2002, 2008; GOMES & BORUCHOVITCH, 2005, 2011).

Atividades reflexivas para conhecer melhor os alunos e levá-los ao autoconhecimento

---

a) Em [nome da disciplina] as suas notas estão boas? Sim ( ) Não ( ) Por quê?

b) Autoavaliação mais global de si próprio, enquanto estudante: Você se considera um aluno: Excelente ( ) Bom ( ) Regular ( ) Fraco ( )

c) O que você faz, quando estuda, para aprender mais e melhor?

d) Quais são as suas maiores dificuldades? Conte para mim:

---

1) Para trabalhar o senso de competência e autoeficácia o professor pode deixar lembretes na sala ou incluí-los em roteiros de estudo, provas e exercícios escritos. Exemplos:

• Acredite em você. Pense sempre: Eu sou capaz!

• Quanto mais aprendemos, mais inteligentes ficamos.

• Decida: eu quero ser um bom estudante e aprender bem!

• Para estudar e aprender é preciso investir esforço e energia.

• Para ser vitorioso é preciso não desanimar e perseverar!

• Use estratégias para aprender melhor!

---

2) Atividades reflexivas para despertar e manter a motivação, o envolvimento e o compromisso, assim como sentimentos e emoções positivos:

- Tenho prestado atenção às aulas e participado de todas as atividades?
- O que eu posso fazer para aprender mais e melhor?
- Qual a importância de estar na escola estudando e aprendendo com meus professores e meus colegas?
- Desisto quando uma tarefa é difícil ou chata?
- O que eu faço quando ficar muito nervoso ou irritado se uma tarefa for difícil?
- Leio outros textos e livros sobre o assunto que o professor explicou em aula?

3) Atividades reflexivas para estimular a metacognição (planejamento, monitoramento e regulação):

- Estou com dificuldade para aprender algum assunto ou matéria?
- Quando leio um texto percebo se não entendo o que estou lendo?
- Percebo quanto estou conseguindo aprender?
- Peço ajuda quando necessário?
- Reviso as minhas tarefas para corrigir possíveis erros?

4) Atividades reflexivas para monitorar o uso de estratégias de estudo (administração de recursos):

- Em casa, planejo e organizo o local e os horários de estudo?
- Sei dividir o meu tempo livre entre cuidados pessoais, lazer, estudo e descanso?
- Sei escolher o que ler; o melhor local para ler e estudar? (Iluminado e silencioso.)

5) Atividades reflexivas sobre o uso de estratégias cognitivas e metacognitivas:

- Durante a aula anoto o que o professor está falando, mesmo quando ele não manda ou não escreva nada na lousa?
- Quando estudo alguma coisa nova tento relacionar aquilo que estou aprendendo com alguma coisa já conhecida?
- Quando estudo, procuro criar perguntas e respostas sobre o assunto?
- Faço um esquema ou resumo usando as ideias principais do texto que estou estudando?
- Procuro me lembrar-me de alguns pontos do texto para verificar se compreendi?
- Procuro pôr em prática o que aprendi?
- Ao terminar o estudo avalio se aprendi e quanto aprendi?

6) Ao professor cabe o acompanhamento do processo:

- Ensinando as estratégias cognitivas e metacognitivas.
- Orientando o estudante sobre como estudar para aprender melhor.
- Sabendo oferecer *feedback* e apoio, sempre que necessário.
- Avaliando o processo de aprendizagem e detectando possíveis dificuldades.

7) Os próprios alunos poderão dar subsídios para essa avaliação processual. Algumas questões reflexivas ao término de algumas atividades:

- Escrever sobre o que você mais gostou nas atividades desenvolvidas e dizer por quê.
- Escrever o que você menos gostou nesse trabalho e dizer por quê.
- O que você aprendeu com essas atividades?
- O que você sugere para que possamos melhorar o trabalho em sala de aula?

PARA DESENVOLVER O MONITORAMENTO DO CONHECIMENTO ACERCA DE ALGUM TEMA OU QUESTÃO

Alguns exemplos do instrumento de monitoramento metacognitivo (TANIKAWA & BORUCHOVITCH, 2012).

O automonitoramento é considerado, de acordo com Bandura (1986), como uma ferramenta muito importante de aperfeiçoamento, que auxilia o indivíduo durante seu aprendizado, tornando-a de maior qualidade e profundidade. A capacidade de monitorar a aprendizagem tende a emergir por volta do 5° ano escolar, possivelmente até antes (STIPEK & HOFFMAN, 1989; WIGFIELD; KLAUDA & CAMBRIA, 2011). Entretanto, evidências mostram que a aprendizagem de crianças se beneficia quando recebem orientações específicas para monitorar e sobre como monitorar sua aprendizagem (COELHO & CORREIA, 2010; SCHMITZ & PERELS, 2011).

O instrumento foi construído por Tanikawa e Boruchovitch (2012), com base na literatura da área (LOON e cols., 2012; KREBS & RODERER, 2011).

É composto por oito perguntas, sendo quatro de língua portuguesa e quatro de matemática, relacionadas ao conteúdo curricular previsto para cada série/ano, com níveis crescentes de dificuldade, avaliadas previamente por juízes especialistas na área da Educação, que examinaram o conteúdo e o nível de dificuldade, considerando-os como apropriados à série/ano. Para cada exercício há duas questões que avaliam o monitoramento: uma inicial (antes de o estudante responder à questão), e outra após o seu término.

Como exemplo de questão referente ao monitoramento metacognitivo de língua portuguesa do 3° ano, mostrava-se para os participantes uma ilustração de um helicóptero e se solicitava que escrevessem a palavra referente ao desenho. Após realizar a leitura do exercício o participante deveria responder à seguinte questão: "Quanto você se sente capaz de responder esta questão? ( ) Eu sei responder; ( ) Eu sei responder mais ou menos; ( ) Eu não sei responder". Depois desse questionamento, pedia-se ao estudante que resolvesse o exercício proposto. Antes de passar para o exercício seguinte, o aluno deveria responder: "Você acaba de responder à questão. O que você acha: ( ) Eu acertei; ( ) Eu não sei se acertei;

( ) Acho que errei". Como exemplo de uma questão de matemática foi solicitado que o estudante resolvesse uma conta de adição envolvendo três casas decimais. Da mesma forma que nas questões de língua portuguesa, o estudante tinha de responder os itens referentes aos monitoramentos inicial e final (TANIKAWA, 2014).

Exemplo:

Leia a questão 1 e responda (monitoramento inicial):

Quanto você se sente capaz de responder esta questão?

Você acaba de responder à questão 1 (monitoramento final)
O que você acha:

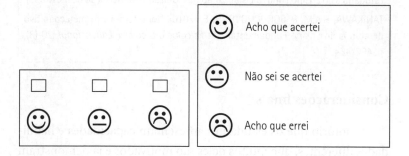

É essencial mencionar que esses exemplos de questões servem para ilustrar como o formador pode trabalhar no sentido de fortalecer a capacidade de monitoramento dos estudantes. As questões que antecedem e sucedem a resolução de uma tarefa de conteúdo têm como propósito averiguar se o julgamento que o respondente faz sobre o seu conhecimento é preciso ou não. A análise do conjunto de questões possibilita que o respondente não só calibre melhor seu julgamento, mas também que reconheça a importância de se questionar sobre o quanto sabe ou não sabe. É importante então que uma pontuação seja aferida levando-se em consideração o grau de congruência entre o monitoramento inicial, a real capacidade do estudante de solucionar o exercício proposto e o monitoramento final. Assim, para cada questão, a pontuação pode variar de 0 a 2 pontos. A pontuação máxima deve ser concedida apenas quando o respondente se mostra capaz de realizar o julgamento inicial e final condizente com o seu real desempenho na tarefa. Todavia, se o respondente realizar um julgamento impreciso em relação ao seu desempenho, pode-se atribuir somente 1 ponto. Caso o respondente seja impreciso nas duas etapas de julgamento, não deve receber nenhum ponto.

Fontes que fornecem mais subsídios teóricos ao formador para ajudá-lo a potencializar o efeito dessa atividade

TANIKAWA, H.A.M. (2014) *Monitoramento metacognitivo* – Um estudo sobre suas relações com o pedir ajuda, o autoconceito e a motivação para aprender de estudantes do Ensino Fundamental. Campinas: Unicamp [Dissertação de mestrado].

TANIKAWA, H.A.M. & BORUCHOVITCH, E. (2016). "Monitoramento metacognitivo de alunos do Ensino Fundamental". In: *Psicologia Escolar e Educacional*, 20 (3), p. 457-464.

Considerações finais

É notório que os estudantes apresentam capacidades e habilidades diferentes, que muitos deles são motivados e já demonstram ter consciência dos seus processos cognitivos, sabem utilizar estratégias para aprender e executar tarefas difíceis, mas cada aluno, em qualquer nível de escolarização, apresenta habilidades, potencialidades e dificuldades diversas. Outros, embora inteligentes, são desmotivados, desorganizados, impulsivos, desatentos. As capacidades não são inatas, as dificuldades não são permanentes: é possível desenvolver a atenção, o raciocínio, a motivação, a memória e tantas outras habilidades.

Assim, espera-se que o presente capítulo possa ter provido o leitor de fundamentos teóricos acerca da perspectiva da aprendizagem autorregulada e de atividades práticas que o auxiliem, em situações que necessite fazer um diagnóstico e ou intervenção psicoeducacional. Que possam essas atividades, sobretudo, ajudá-lo também como formador, em práticas pedagógicas que visem promover o fortalecimento dos processos autorregulatórios, com enfoque preventivo, nos mais variados contextos educativos.

Referências

BANDURA, A. (1997). *Self-efficacy*: The exercise of control. Nova York: Freeman.

_____ (1989). "Regulation of cognitive processes though perceived self-efficacy". In: *Development Psychology*, 25 (5), p. 729-735.

_____ (1986). *Social foundations of thought and action*: a social cognitive theory. Englewood Cliffs, NJ: Prentice-Hall.

BANDURA, A. & WALTERS, R.H. (1963). *Social learning and personality development*. Nova York: Holt, Rinehart & Winston.

BORUCHOVITCH, E. (2014). "Autorregulação da aprendizagem: contribuições da psicologia educacional para a formação de professores". In: *Psicologia Escolar e Educacional*, 18 (3), p. 401-409.

_____ (1999). "As estratégias de aprendizagem e o desempenho escolar de crianças brasileiras – Considerações para a prática educacional". In: *Psicologia*: Reflexão e Crítica, 12 (2), p. 361-376.

_____ (1994). "As variáveis psicológicas e o processo da aprendizagem: uma contribuição para a psicologia escolar". In: *Psicologia*: Teoria e Pesquisa, 1, p. 129-139.

_____ (1993). "A psicologia cognitiva e a metacognição: novas perspectivas para o fracasso escolar brasileiro". In: *Tecnologia Educacional*, 22 (110/111), p. 22-28.

COELHO, C.L. & CORREA, J. (2010). "Desenvolvimento da compreensão leitora através do monitoramento da leitura". In: *Psicologia*: Reflexão e Crítica, 23 (3), p. 575-581.

DEMBO, M.H. (2000). *Motivation and learning strategies for college success* – A self management approach. Londres: LEA.

FLAVELL, J.H. (1979). "Metacognition and cognitive monitoring: A new area of cognitive-developmental inquiry". In: *American Psychologist*, 34 (10), p. 906-911.

GOMES, M.A.M. (2008). *Compreensão autorregulada em leitura*: procedimentos de intervenção. Campinas: Unicamp [Tese de doutorado].

_____ (2002). *Aprendizagem autorregulada em leitura numa perspectiva de jogos de regras*. Campinas: Unicamp [Dissertação de mestrado].

GOMES, M.A.M. & BORUCHOVITCH, E. (2011). "Aprendizagem autorregulada da leitura: resultados positivos de uma intervenção psicopedagógica". In: *Psicologia*: Teoria e Pesquisa, 27, p. 33-42.

_____ (2005). "Desempenho no jogo, estratégias de aprendizagem e compreensão em leitura". In: *Psicologia*: Teoria e Pesquisa, 21 (3), p. 319-326.

GRAHAM, S.; HARRIS, K.R. & MASON, L. (2005). "Improving the writing performance, knowledge, and self-efficacy of struggling young writers – The effects of self-regulated strategy development". In: *Contemporary Educational Psychology*, 30, p. 207-241.

HATTIE, J.; BIGGS, J. & PURDIER, N. (1996). "Effects of learning skills interventions on students: a meta analysis". *Review of Educational Research*, 66 (2), p. 99-136.

KREBS, S.S. & ROEBERS, C.M. (2011). "The impact of retrieval processes, age, general achievement level, and test scoring scheme for children's metacognitive monitoring and controlling". *Metacognition and Learning Metacognition Learning*, 7 (2), p. 75-90.

LOON, M.H.; BRUIN, A.B.; GOG, T.V. & MERRIËNBOER, J.J. (2013). "Activation of inaccurate prior knowledge affects primary-school students' metacognitive judgments and calibration". In: *Learning and Instruction*, 24, p. 15-25.

PRESSLEY, M.; BORKOWSKI, J.G. & SCHNEIDER, W. (1989). "Good information processing: What it is and how education can promote it". In: *Journal of Educational Research*, 13 (8), p. 857-867.

ROSENTHAL, T.L. & ZIMMERMAN, B.J. (1978). *Social learning and cognition*. Nova York, NY: Academic Press.

SCHMITZ, B. & PERELS, F. (2011). "Self-monitoring of self-regulation during math homework behaviour using standardized diaries". In: *Metacognition and Learning Metacognition Learning*, 6 (3), p. 255-273.

SCHUNK, D.H. & ZIMMERMAN, B.J. (2008). *Motivation and self-regulated learning* – Theory, research and applications. Nova York: Lawrence Erlbaum Associates.

_____ (1997). "Social origins of self-regulatory competence". In: *Educational Psychologist*, 32, p. 195-208.

_____ (1994). *Self-regulation of learning and performance* – Issues and educational applications. Hillsdale: Lawrence Erlbaum.

SOUVIGNIER E. & MOKHLESGERAMI, J. (2006). "Using self-regulation as a framework for implementing strategy instruction to foster reading comprehension". In: *Learning and Instruction*, 16, p. 57-71 [Disponível em www.elsevier.com/locate/learninstruc – Acesso em 22/07/2006].

STIPEK, D.J. & HOFFMAN, J.M. (1980). "Children's achievement-related expectancies as a function of academic performance histories and sex". In: *Journal of Educational Psychology*, 72 (6), p. 861-865.

TANIKAWA, H.A.M. (2014). *Monitoramento metacognitivo* – Um estudo sobre suas relações com o pedir ajuda, o autoconceito e a motivação para aprender de estudantes do Ensino Fundamental. Campinas: Unicamp [Dissertação de mestrado].

TANIKAWA, H.A.M. & BORUCHOVITCH, E. (2016). "Monitoramento metacognitivo de alunos do Ensino Fundamental". In: *Psicologia Escolar e Educacional*, 20 (3), p. 457-464.

_____ (2012). *Instrumento de monitoramento metacognitivo para alunos do Ensino Fundamental*. Campinas: Unicamp [não publicado].

VEIGA SIMÃO, A.M. (2004). Integrar os princípios da aprendizagem estratégica no processo formativo dos professores. In: LOPES DA SILVA,

A.; DUARTE, A.M.; SÁ, I. & VEIGA SIMÃO, A.M. *Aprendizagem autor-regulada pelo estudante*: perspectivas psicológicas e educacionais. Porto: Porto Ed. [Coleção Ciências da Educação, século XXI].

WIGFIELD, A.; KLAUDA, S.L. & CAMBRIA, J. (2011). Influences on the development of academic self-regulatory processes. In: ZIMMERMAN, B.J. & SCHUNK, D.H. (eds.). *Handbook of self-regulation of learning and performance*. Nova York: Routledge, Taylor & Francis Group, p. 33-48.

ZIMMERMAN, B.J. (2013). "From cognitive modeling to self-regulation: a social cognitive career path". In: *Educational Psychology*, 48, p. 135–147.

_____ (2008). "Investigating self-regulation and motivation: Historical background, methodological developments, and future prospects". In: *American Educational Research Journal*, 45 (1), p. 166-183.

_____ (2000). Attaining self-regulation: A social cognitive perspective. In: BOEKAERTS, M.; PINTRICH, P.R. & ZEIDNER, M. (eds.). *Handbook of self-regulation*. São Diego: Academic Press, p. 13-39.

_____ (1998). "Academic studying and the development of personal skill: A self-regulatory perspective". In: *Educational Psychologist*, 33 (2/3), p. 73-86.

_____ (1989). "A social cognitive view of self-regulated academic learning". In: *Journal of Educational Psychology*, 81, p. 329-339.

ZIMMERMAN, B.J. & KITSANTAS, A. (1997). "Developmental phases in selfregulation: Shifting from process to outcome goals". In: *Journal of Educational Psychology*, 89, p. 29-36.

ZIMMERMAN, B.J. & SCHUNK, D.H. (2011). *Handbook of self-regulation of learning and performance*. Nova York: Taylor & Francis.

2

Compreensão autorregulada da leitura

Como promovê-la em estudantes da educação básica?

Maria Aparecida Mezzalira Gomes
Evely Boruchovitch

Introdução

O desenvolvimento social e econômico do mundo de hoje exige dos cidadãos um processo de escolarização que os prepare para serem participantes ativos na sociedade. Um dos elementos básicos desse processo de escolarização é o domínio pleno da leitura e da escrita. Infelizmente, no Brasil, dados recentes mostram que muitas crianças apresentam graves defasagens no processo de letramento ainda nos anos iniciais. A Avaliação Nacional de Alfabetização do Ministério de Educação e Cultura (ANA) pelo Instituto Nacional de Estudos e Pesquisas Educacionais Anísio Teixeira (INEP, 2016) constatou que 55% dos estudantes avaliados no 3º ano (90% deles com 8 anos ou mais) apresentaram desempenho insuficiente em leitura. Já em escrita, o número de alunos com grandes defasagens foi menor, mas não menos expressivo: 34%. Esses resultados são preocupantes, visto que, no caso do ensino e aprendizagem da leitura, persegue-se um duplo objetivo – a inserção do indivíduo no mundo letrado, isto é, possibilitar-lhe o acesso aos bens culturais e, igualmente, favorecer a aprendizagem das demais disciplinas do currículo que utilizam a competência leitora como uma importante ferramenta. Grande parte das crianças com aproveitamento deficiente nos anos iniciais acumula defasagens nos anos seguintes, como demonstram as avaliações institucionais ao final do primeiro e do segundo ciclos do Ensino Fundamental, e ao término do Ensino Médio.

Além disso, dados acerca do alfabetismo no Brasil, o Indicador de Alfabetismo Funcional, foram divulgados pelo Instituto Paulo Montenegro e Ação Educativa (2016). Esse relatório aponta que 42% da população entre 15 a 64 anos apresentam um nível elementar de leitura, o que significa capacidade apenas de "localizar informação expressa de forma literal em textos diversos (jornalístico e/ou científico) realizando pequenas inferências". Entre esses, 45% são egressos do Ensino Médio! Tal situação produz efeitos indesejáveis tanto para o indivíduo como para a sociedade. Profissionais que atuam na área do desenvolvimento humano e educação: psicólogos, psicopedagogos e educadores – devem se dedicar a estudar o problema e envidar esforços para reverter esse quadro sombrio.

Nesse sentido, o objetivo deste capítulo é apresentar alternativas que possam contribuir para fundamentar um trabalho educativo preventivo e/ou remediativo mais eficiente para melhorar o ensino e a aprendizagem dos estudantes em nossas escolas, dando ênfase ao desenvolvimento da compreensão em leitura. A teoria e a prática que serão explicitadas foram objeto de uma pesquisa de intervenção realizada em uma escola pública de Jundiaí, SP, com vistas ao doutorado defendido pela primeira autora, na Faculdade de Educação da Universidade Estadual de Campinas em 2008. A intervenção que tinha como objetivo principal melhorar a leitura de alunos do Ensino Fundamental por meio do ensino de estratégias cognitivas e metacognitivas de aprendizagem, numa perspectiva de compreensão autorregulada em leitura, incluiu também um trabalho nas dimensões cognitivas, metacognitivas e afetivos-motivacionais.

Os participantes do estudo eram estudantes da 4ª série do Ensino Fundamental (atual 5º ano), a maioria com 11 anos. Foram selecionadas, por sorteio, duas turmas, uma como Grupo Experimental (GE) e a outra, como Grupo Controle (GC). Inicialmente, todos os alunos foram avaliados por meio dos seguintes instrumentos: questionário informativo, escala de estratégias de aprendizagem e um teste *cloze* de compreensão leitora (pré-teste A). Entretanto, apenas o Grupo Experimental participou de sete sessões de intervenção, recebendo apoio motivacional, orientação de estudos, estímulos ao desenvolvimento da metacognição e ensino de estratégias de aprendizagem em situação de leitura.

O estudo mostrou que os alunos do Grupo Experimental apresentaram melhoria significativa em compreensão leitora embora tivessem, inicialmente, desempenho inferior ao da turma que serviu como Grupo Controle. É possível afirmar isso porque foram realizadas avaliações idênticas para as duas turmas em três momentos – antes, durante e depois da pesquisa. Os dados obtidos foram submetidos a uma cuidadosa análise estatística. Pôde-se concluir, ao final do estudo, que é possível interromper uma trajetória de fracasso escolar por meio de um trabalho de intervenção pedagógica, psicopedagógica ou psicológica garantindo aos estudantes fragilizados um percurso de aprendizagem mais promissor (GOMES & BORUCHOVITCH, 2011; SCHMITT, 2003).

Pesquisas demonstram que, quanto mais cedo for realizada uma intervenção no sentido de ajudar estudantes em dificuldade, melhores serão os resultados e menores os efeitos dessas defasagens iniciais em estágios posteriores do processo de escolarização (SCHMITT, 2003; SPIRA; BRACKEN & FISCHEL, 2005). As atividades que serão descritas mais adiante poderão inspirar práticas bem-sucedidas no âmbito escolar, psicopedagógico ou psicológico.

Considerações sobre os fundamentos teóricos que embasaram o desenvolvimento de atividades para melhorar a compreensão leitora dos alunos

Cumpre destacar que as atividades propostas são fundamentadas em estudos e pesquisas baseadas na psicologia cognitiva e adotam uma visão de aprendizagem autorregulada. Trata-se de um referencial teórico que busca favorecer o sucesso escolar dos estudantes por meio da autorregulação, e se propõem a formar professores motivados, ativos, autorregulados e reflexivos, como mostrado em outros capítulos deste livro. Quanto mais a equipe escolar desenvolver essas características em seus profissionais, melhor eles serão capazes de promover todas as dimensões da autorregulação entre os estudantes para que aprendam mais e melhor (BORUCHOVITCH; ALMEIDA & MIRANDA, 2017; GANDA & BORUCHOVITCH, 2015; SOUVIGNIER & MOKHLESGERAMI, 2006).

A Psicologia Cognitiva, de acordo com a Teoria do Processamento da Informação, descreve a aprendizagem desde a recepção e percepção de um estímulo, interno ou externo, que mobiliza os processos cognitivos. Durante uma aula, por exemplo, entre os diversos estímulos sonoros, visuais ou outros, os estudantes prestam sua atenção na fala do professor e apreendem as explicações que lhes são oferecidas. Num primeiro estágio os dados apreendidos passam pela memória de *curta duração* e seguem para a *memória de trabalho*, onde diversos processos cognitivos contribuem para a elaboração e organização das informações, antes que sejam transferidas para a *memória de longa duração*. Aí serão codificadas e guardadas, juntamente com outros conhecimentos anteriormente adquiridos. Essa sequência processual ocorre em todas as situações de aprendizagem.

Da leitura de um texto à sua compreensão e interpretação o percurso cognitivo é o mesmo (GOMES, 2002; GOMES & BO-

RUCHOVITCH, 2005; HACKER, 1998). Trata-se de um processo complexo que exige grande participação do aprendiz. Em sala de aula o professor deverá conduzir seus procedimentos e atitudes de forma a favorecer o trabalho cognitivo do aluno. Isso significa que o ensino e a aprendizagem devem ser "regulados". Um aluno motivado, ativo, participativo e bem-sucedido aprendeu a autorregular a própria aprendizagem. Da mesma forma, um professor motivado, dinâmico que consegue conduzir com sucesso a aprendizagem dos seus alunos é autorregulado. Na prática educativa nem todos os professores são motivados e autorregulados e é também frequente encontrar alunos desmotivados porque se julgam incapazes de aprender. No entanto, essa realidade pode ser modificada. Os alunos podem modificar o seu modo de aprender. Os professores podem ser orientados a modificar a sua prática (BORUCHOVITCH; ALMEIDA & MIRANDA, 2017; BZUNECK, 2010; SOUVIGNIER & MOKHLESGERAMI, 2006).

O processamento cognitivo anteriormente descrito não é automático. Depende também da metacognição e da motivação. Todas as pessoas dispõem dos recursos cognitivos que participam no processamento tais como a atenção e a memória, mas precisam potencializá-los. A metacognição é um "pensar o pensamento". Permite ao aluno tomar consciência do processo de aprendizagem: consciência de si mesmo e das suas possibilidades e limitações; consciência das características e exigências das tarefas e consciência de que existem ferramentas que podem ser utilizadas para assegurar o êxito em alcançar os próprios objetivos e os objetivos de aprendizagem. Essas ferramentas são as estratégias de aprendizagem. O desenvolvimento da consciência metacognitiva e da regulação cognitiva leva à autorregulação. A motivação, por sua vez, que na prática se traduz em "engajamento e compromisso" do estudante com as tarefas de aprendizagem dirige e mantém o seu comportamento (GOMES, 2002; GUTHRIE; WIGFIELD & YOU, 2012).

O desenvolvimento metacognitivo tem início na infância, mas os educadores podem incrementar intencionalmente a metacognição em sala de aula por meio do ensino das estratégias cognitivas e metacognitivas e, dessa forma, promover a autorregulação dos estudantes. Estratégias cognitivas são procedimentos que podem ser utilizados para *adquirir, elaborar, organizar e integrar as informações*. As estratégias metacognitivas, por sua vez, permitem ao aprendiz *planejar*, isto é, decidir quando, onde e como estudar e aprender melhor, *monitorar* sua aprendizagem, perceber se está aprendendo, o quanto está aprendendo ou se ainda não aprendeu o suficiente para que possa regular a própria aprendizagem para aprender mais e melhor (GOMES, 2002; GOMES & BORUCHOVITCH, 2005; PRESSLEY et al.,1995).

Quanto mais o estudante aprende, mais motivado ele fica, porque a motivação depende da satisfação das necessidades básicas, da autonomia e do senso de competência. A motivação faz parte da afetividade e, por meio da metacognição, o estudante pode tomar consciência dos seus estados afetivos e utilizar estratégias de autorregulação emocional para eliminar sentimentos desagradáveis, monitorar e regular suas próprias emoções (GOMES & BORUCHOVITCH, 2014; McCORMICK; MILLER & PRESSLEY, 1989; ZIMMERMAN, 2013). Pensamentos, crenças, sentimentos e atitudes disfuncionais diminuem a motivação, bloqueiam a ação e prejudicam a aprendizagem (GANDA & BORUCHOVITCH, 2015; WOLTERS; DENTON; YORK & FRANCIS, 2013).

A aprendizagem da leitura e da escrita

O processo de aprendizagem da leitura é longo e complexo. Depende de fatores cognitivos e afetivo-motivacionais do aprendiz, assim como de fatores socioculturais e dos contextos de aprendizagem. Muito antes de entrar na escola a criança interage com adultos e com outras crianças que convivem com ela. Ou seja, vivencia atividades de linguagem. No lar, nas creches e durante os anos da Educação Infantil deverão ser desenvolvidos os recursos linguísticos básicos para a aquisição e o desenvolvimento da leitura, isto é, a oralidade que compreende o ouvir/escutar e o falar. A linguagem oral já pressupõe o reconhecimento e atribuição de sentidos de inúmeras palavras, assim como a construção de enunciados verbais tais como aqueles que as crianças poderão, mais tarde, reconhecer e compreender pela leitura e registrar por meio da escrita. Tais situações estimulantes de interação social e linguística representam oportunidades de ampliar, por meio da linguagem e do pensamento, a compreensão do mundo que a cerca.

Dessa forma, os processos de alfabetização sistematizada representam um período de ensino e de *aprendizagem formal* que, assim como o desenvolvimento da leitura e da escrita, dependem muito das vivências e experiências significativas em atividades de comunicação anteriores por meio da escuta e da linguagem oral, consideradas *aprendizagens informais* (MOTA, 2009).

Durante o Ensino Fundamental e o Médio a escola deve garantir o sucesso na aprendizagem da leitura e da escrita para que o estudante tenha pleno domínio do uso de todos os recursos das linguagens e suas tecnologias, tal como é previsto nas diretrizes curriculares oficiais. Para isso é necessário ensiná-lo a refletir acerca da linguagem assim como de seu processo de aprendizagem, de como pode aprender mais e melhor, ou seja, tornar-se um aluno autorregulado. Dessa forma poderá continuar aprendendo e saberá buscar o autoaperfeiçoamento depois do período de escolarização obrigatório.

O desenvolvimento da compreensão leitora numa perspectiva de aprendizagem autorregulada

O conceito de compreensão autorregulada em leitura é um termo criado por Hacker (1998). Entende-se que a compreensão em leitura envolve, além dos processos cognitivos e metacognitivos, a motivação para ler, assim como os conhecimentos e experiências anteriores (que podem e devem ser acessados pelo educador). O gosto pela leitura pode ser desenvolvido por pais e educadores, antes de o educando aprender a ler, por meio do "contar histórias" ou de programas como o "ler para a criança". No entanto, o papel da escola é muito importante para formar o *leitor motivado, reflexivo, estratégico, competente e crítico.*

Ensinar as estratégias cognitivas e metacognitivas de leitura é uma forma eficaz de promover a compreensão autorregulada em leitura. É essencial que professores saibam que existem estratégias específicas para antes, durante e depois da leitura (DEMBO, 2000; DENTON et al., 2015; GOMES & BORUCHOVITCH, 2011).

Como estimular nos alunos a utilização de estratégias específicas de leitura?

Antes de ler é importante *definir o objetivo* da leitura, e planejar onde, quando e como a atividade será realizada. *Explorar livremente o texto,* suas ilustrações, capa e contracapa do livro, prefácio e/ou apresentação, são outras maneiras de preparar-se para uma boa leitura, assim como *fazer antecipações, formular hipóteses, questionar-se.* Para isso é necessário *acessar os conhecimentos prévios* acerca do autor do texto e do seu contexto, do gênero e estrutura daquilo que será lido, do que já se sabe sobre o tema.

Durante a leitura, as estratégias cognitivas indicadas para dinamizar o processamento cognitivo são *sublinhar ou anotar as ideias principais*; além disso, *fazer inferências* para construir significados, e, quando o texto é longo e difícil, fazer revisões. A estratégia metacognitiva de *monitoramento* é fundamental: o leitor deverá *se perguntar*: "Estou compreendendo?" "Quanto estou compreendendo?" "Não compreendi?" Caso a resposta a essa última pergunta seja negativa, a estratégia indicada é *reler*. Outras estratégias de monitoramento são *testar as hipóteses iniciais, rever os questionamentos e antecipações* (IANNELLI & ASHLEYANN, 2016).

Depois da leitura as estratégias cognitivas mais indicadas são *rever* o texto, *elaborar um resumo, organizar e representar as informações*. Para melhor *interpretar* o conteúdo é importante *autoquestionar-se, problematizar e sintetizar* a ideia principal. A *leitura crítica* exige uma avaliação do texto e de suas implicações, o que pressupõe familiaridade com o repertório social e cultural constituído (KOCH & ELIAS, 2014).

A formação do leitor autorregulado e crítico é um processo longo, a ser construído *nos diversos anos da escolaridade e por todos os professores*, em todas as disciplinas, explorando a diversidade dos textos que circulam no ambiente social.

Intervenção para promover a compreensão leitora autorregulada

Podem-se distinguir quatro situações:

1) Processo contínuo ao longo da escolaridade. Nesse caso, é comum que o professor da turma perceba que um ou mais alunos apresentem dificuldades em certos momentos. Um professor auxiliar ou algum estudante da mesma turma e que manifeste mais habilidades poderá ajudar, como *monitor*, para promover a recuperação dos colegas e evitar que se agravem as defasagens. O ensino recíproco, o colaborativo em duplas ou pequenos grupos heterogêneos podem ser eficazes. As sugestões de atividades deste capítulo poderão ser úteis para desenvolver nos alunos a autorregulação e a compreensão autorregulada em leitura.

2) Processo intensivo quando se detectam dificuldades gerais em uma turma, havendo necessidade de um trabalho preventivo no início do ano letivo, de modo a garantir o progresso na aquisição das habilidades e competências esperadas. Para isso, recomenda-se fazer uma avaliação diagnóstica e planejar as atividades necessárias para que os alunos superem as dificuldades. O número e duração das intervenções, assim como a sua frequência, deverão ser decididos pelo professor da turma.

3) Necessidade de recuperação e/ou remediação em caso de grandes defasagens de um aluno ou grupo de alunos, preferencialmente em outro turno. Nesse caso serão necessárias aulas adicionais por *professores de apoio*. Importante ressaltar que esses professores de apoio *deverão ser competentes e ter treinamento específico para esse trabalho.*

4) Atendimento individualizado em clínica por profissional especializado. A maioria das crianças consegue aprender a ler e a escrever num contexto escolar estimulante, bem-organizado e que ofereça oportunidades de recuperação paralela. No entanto, quando forem detectadas dificuldades mais persistentes e que não puderem ser superadas por meio das alternativas anteriormente mencionadas, é necessário fazer um encaminhamento a profissionais especializados para exames mais detalhados. Médicos, fonoaudiólogos e psicólogos poderão fazer um diagnóstico e prescrever o melhor tratamento. Muitas vezes, o acompanhamento sistemático de um psicopedagogo pode ativar a motivação para aprender, ajudar a superação de defasagens na leitura e na escrita possibilitando a inserção do estudante na rota do sucesso escolar.

A seguir serão descritas atividades que podem ser utilizadas por educadores ou outros profissionais que atuam na área psicopedagógica, tendo como alvo alunos que estão no 4º ou 5º anos do primeiro ciclo do Ensino Fundamental. Essas atividades poderão ser adaptadas para alunos das séries anteriores e mais adiantadas.

Nunca é demais insistir que a aprendizagem bem-sucedida depende de um trabalho pedagógico e/ou psicopedagógico dinâmico que tenha como um dos objetivos, desenvolver a autorregulação. Devem ser priorizadas, portanto, atividades que levem o estudante a *pensar, a refletir, a utilizar estratégias cognitivas, metacognitivas e afetivo-motivacionais.* A duração média de uma sessão é de 90 minutos. O profissional deverá planejar as atividades de forma detalhada e cuidadosa para promover:

a) **Autopercepções e autocrenças positivas** no estudante, especificamente o senso de autoeficácia acerca da própria inteligência, capacidade de aprendizagem e poder de realização. Ele deverá tomar consciência de que pode deter o controle de alguns fatores que favorecem a aprendizagem tais como o esforço, o planejamento do tempo e do local de estudo, o uso de estratégias, o monitoramento da própria aprendizagem (GOMES & BORUCHOVITH, 2005, 2011; ZIMMERMAN, 2013).

b) **A motivação, isto é, o engajamento e o compromisso** do aluno com a sua própria aprendizagem. Para isso é importante trabalhar o autoconceito, o senso de competência ("eu posso"), o estabelecimento de metas, a curto e a longo prazos, das atribuições de causalidade do sucesso e/ou do fracasso escolar (BZUNECK, 2010; GANDA & BORUCHOVITCH, 2015) e, principalmente o "sentido" do estudar e do aprender como meio de autodesenvolvimento e autorrealização. Existem evidências de que atividades espontâneas ou escolhidas pelo estudante entre diversas opções são mais motivadoras do que se forem sempre impostas pelo educador (GOMES & BORUCHOVITCH, 2014; WOLTERS, 2014).

c) **A metacognição**, isto é, a reflexão acerca de si mesmo, de seus processos de aprendizagem, das suas dificuldades e possibilidades; o monitoramento do próprio progresso (GOMES & BORUCHOVITCH, 2013; SHORT & WEISSBERG-BENCHELL, 1989; ZIMMERMAN, 2013).

d) **O ensino de estratégias para ler e compreender**, para estudar e aprender melhor – Autorregulação cognitiva (GOMES & BORUCHOVITCH, 2011, 2013; SOLÉ, 1998).

Sugestões de procedimentos e de atividades práticas

Quadro 1 Rotinas para as sessões de intervenção (GOMES, 2008)

OBJETIVOS

- Estabelecer um vínculo caloroso, porém de engajamento e compromisso.
- Verificar o "cumprimento da tarefa" da sessão anterior.
- Revisar aspectos importantes já abordados e antecipar o que será trabalhado a seguir.
- Refletir sobre o que é ser um bom estudante.
- Estimular o autoconhecimento e a autoavaliação.
- Promover uma ressonância cognitiva e afetiva.
- Promover a compreensão leitora, a utilização de estratégias cognitivas e metacognitivas de leitura.
- Autoavaliação, avaliação do aluno, das atividades e da sessão.

AÇÕES

- Apresentação pessoal, explicar os objetivos dos encontros.
- Diálogo para melhor conhecer o(s) estudante(s).
- Ensinar estratégias de aprendizagem cognitivas e metacognitivas.
- Dar orientações de como estudar.
- Leitura silenciosa e/ou compartilhada, quando em grupo.
- Ensino de estratégias específicas de leitura.
- Avaliação da leitura.
- Conversa e/ou registro.
- "Tarefa" de pensamento ou realização até o próximo encontro.

INSTRUMENTOS E MATERIAIS

- Figuras, formulários, gráficos, esquemas, jogos, desenho, filmes, dramatizações, questões reflexivas.
- Textos para leitura (diversidade de textos).
- Roteiros para avaliação da compreensão.
- Questões orais ou escritas.

Atividades de ativação da motivação, metacognição e engajamento[1]

1 Exemplos de questões reflexivas

- Você gosta de estudar e aprender? Por quê?
- De que modo você estuda? Conte para mim.

Diante de gravuras de estudantes em aula, estudo individual, em dupla ou grupo:
Observe a gravura e as pessoas que estão estudando, seus rostos, suas idades.
Descreva a situação que estão vivendo, o local onde estão estudando.

- Você acha que eles estão estudando de forma adequada?

  Não (____)   Sim (____) Por quê ? Se você pudesse dar algumas dicas aos garotos de como estudar melhor, o que você iria sugerir?

- Compare a situação da gravura com a situação dessa sala de aula. O que está melhor? O que está pior?
- O que você sente pelo estudo?
- Você prefere estudar sozinho ou em grupo? Por quê?

Atividades escritas

Faça uma lista do que ajuda o aluno que quer estudar e aprender.

Assinale em sua lista o que você precisa fazer para melhorar o seu aproveitamento escolar.

---

1. Muitas dessas sugestões foram utilizadas na pesquisa de campo empreendida pelas autoras. Outras, de mesma autoria, foram utilizadas em outras oportunidades, com as mesmas finalidades. Para outras sugestões, cf. Gomes, 2008; Gomes e Boruchovitch, 2011.

Faça uma lista do que atrapalha o estudo.

Assinale em sua lista o que você precisa corrigir para melhorar o seu aproveitamento escolar.

Desenhe o local em que gosta de estudar.

Escreva uma meta pessoal para tornar-se um estudante bem-sucedido.

Todas as atividades deverão ser culminadas pela avaliação e *feedback*, isto é, o profissional da educação deverá analisar e refletir com o educando as respostas dadas para que ambos possam tomar consciência dos progressos evidenciados e das dificuldades a serem ainda superadas.

Para aprender a organizar o tempo

Pense sobre o modo como utiliza o seu tempo livre. O círculo abaixo está dividido em 24 partes. Pinte em cores diferentes o tempo que você reserva diariamente para:

- Ver televisão.
- Praticar atividades físicas.
- Ler.
- Estudar.
- Ficar com a família.
- Participar de reuniões ou de atividades culturais.
- Dormir.
- Outros. Especificar.

Vamos pensar juntos?

Você acha que reserva para o estudo: ( ) *Muito tempo* ( ) *Pouco tempo*

Você acha que reserva para a leitura: ( ) *Muito tempo* ( ) *Pouco tempo*

Conte para mim; como deveria ser?

Adaptado de Alliende, Condemarin, Chadwick e Milicic, 1994.

Planejando o estudo e estabelecendo metas de aprendizagem

a) Preencher o quadro abaixo. Anote o seu horário de aulas e o tempo que você reserva para ir à aula e estudar as diferentes disciplinas, a cada dia da semana (colocar nas linhas os nomes das disciplinas).

HORÁRIO	Segunda	Terça	Quarta	Quinta	Sexta	Sábado	Domingo

b) Estabeleça algumas metas pessoais visando melhorar a sua aprendizagem.

No final do bimestre avalie se cumpriu essas metas e se isso contribuiu para melhorar o seu desempenho escolar.

> Faça um desenho de você, no futuro, como profissional realizado e feliz.

2 Jogo das perguntas (preferencialmente para o grupo classe)

Material: Fichas ou cartões com questões reflexivas.

Procedimentos: Em pequenos grupos, os estudantes deverão discutir e responder por escrito três ou quatro das questões abaixo. (Distribuir as mesmas questões para todos os grupos.) A seguir, cada grupo lê a primeira pergunta e a resposta do grupo. Finalmente a classe escolherá a melhor resposta ou fará uma síntese das respostas dos grupos. Ao final, a classe decide algumas metas para as próximas semanas. As mesmas questões poderão ser utilizadas em sessões individuais.

Variante do jogo: Distribuir questões diferentes para cada grupo. Ao final, cada grupo explica o que foi discutido no próprio grupo e as soluções encontradas.

QUESTÕES

- Estudar é importante? Por quê?
- O que você faz quando se distrai durante o estudo? O que se pode fazer para melhorar a atenção e a concentração?
- De que forma se pode planejar e organizar o estudo para aprender mais e melhor?
- O que se pode fazer para manter-se calmo quando uma tarefa é longa e difícil?
- O que fazer para vencer o medo de dar a própria opinião quando o professor promove debate em aula?
- Quando algum colega tem dificuldade em aprender, o que se pode fazer para ajudá-lo?
- Que atitudes dos colegas mais atrapalham a aprendizagem em aula?
- Como proceder para que os colegas não façam zombarias ou coloquem apelidos nos demais alunos?
- A leitura fora da sala de aula é importante? Por quê?
- O que vocês se imaginam fazendo daqui a 10 anos em relação ao estudo ou trabalho?
- O que são metas pessoais? Vamos pensar em metas de vida e de estudo de curto, médio e longo prazos?
- É importante monitorar-se e avaliar-se quanto às metas estabelecidas e quanto ao aproveitamento do estudo e aprendizagem?

3 Jogo das perguntas com foco na leitura

QUESTÕES

- Você gosta de ler? Sim ou não? Por quê?
- As pessoas têm gostos e interesses diversos, relativamente à leitura. Que tipo de textos ou de assuntos você gosta mais? Por quê?
- Quando você tem uma tarefa que envolve a leitura, o que você faz para ler e compreender melhor?
- Você tem dificuldades para ler? Explique.
- Quando você lê, procura lembrar-se do que já sabe sobre o autor, o tipo de texto ou do assunto?
- Você percebe quando está ou não compreendendo?
- Você se faz perguntas durante a leitura? Explique.
- O que se pode fazer para compreender melhor um texto?
- Depois da leitura, o que se pode fazer para memorizar o que se aprendeu com a leitura?

Atividades para ensinar estratégias de leitura

Embora os leitores fluentes utilizem estratégias de leitura, muitas vezes o fazem sem pensar. É importante ressaltar que as estratégias podem ser ensinadas e aprendidas desde os anos iniciais de escolaridade, o que irá contribuir para aumentar o sucesso escolar dos estudantes. Para isso, recomenda-se ao profissional selecionar *textos interessantes e não muito longos*, para que a atividade seja prazerosa e eficaz.

Convém trabalhar a diversidade de textos, tendo o cuidado de, inicialmente, revisar as características do texto que será lido (cf. tipologia textual). É importante que cada nova estratégia de leitura seja ensinada, seja lembrada periodicamente, até ficar evidente que o educando assimilou e se apropriou da mesma.

Na pesquisa realizada (GOMES, 2008) houve uma sequência progressiva das atividades, levando-se em conta a dificuldade de cada texto, o tema, o enredo. Foram escolhidos tendo em vista fortalecer as autocrenças positivas, a motivação, a metacognição e a promoção da aprendizagem autorregulada em leitura. O primeiro texto era longo e de maior dificuldade, mas o seu conteúdo era importante para se desencadear uma discussão a propósito da motivação, do uso de estratégias de aprendizagem e de bons hábitos de estudo. Dessa forma, a dinâmica da sessão foi planejada de forma a facilitar a compreensão e a participação dos estudantes por meio de leitura dramatizada.

Antes da pesquisa (GOMES, 2008) foi realizado um estudo piloto, com a utilização de fábulas, textos informativos, jornalísticos e até científicos, e os estudantes demonstraram muito interesse. Esses textos não são muito utilizados nas escolas, mas são atuais e interessantes. Diversos alunos relataram terem ido à biblioteca procurar livros relacionados com os temas trabalhados.

Será útil que o profissional organize fichas de leitura e, eventualmente, proponha que o estudante escolha o texto de sua preferência.

1 Preparação da leitura

Ao propor uma atividade de leitura deve-se esclarecer aos estudantes o objetivo da atividade e o porquê do texto escolhido.

> • Por que/para que ler este texto?
> • Qual o tema deste texto?
> • O que eu já sei sobre esse tema/assunto?
> • O que eu ainda gostaria de saber sobre isso?

Ainda na preparação da leitura, recomenda-se comentar com os alunos as características do suporte do texto (livro, revista, jornal, internet etc.) e/ou o seu autor. A partir daí, orientá-los a *criar expectativas* e *levantar questionamentos* acerca do conteúdo do texto.

Antes de uma nova atividade de leitura repetir os procedimentos ou perguntar ao estudante *o que se deve fazer antes da leitura*, até que tais estratégias sejam assimiladas mantidas e empregadas espontaneamente por ele.

2 Leitura silenciosa

Pede-se ao estudante que *sublinhe algum termo do qual desconheça o significado* e as *ideias principais, de acordo com o tema/assunto*. Em seguida, pede-se que ele *releia* o texto e que substitua as palavras que identificou como difíceis, por outra que faça sentido no texto (*fazer inferência*). Se ainda restarem dúvidas, recorre-se ao dicionário.

Algumas perguntas, *literais e inferenciais*, poderão revelar se o estudante compreendeu o texto. Essas questões deverão reportar-se à tipologia textual. Assim, num **texto narrativo**, o leitor deverá saber localizar as informações explícitas acerca *do local, do tempo, dos personagens, da situação, do problema central e do desfecho*, como também *fazer inferências* acerca de sentimentos, da situação, da adequação ou inadequação das atitudes desses personagens, das implicações e consequências possíveis dos acontecimentos narrados (*Monitoramento: rever o texto, problematizar*).

Já num **texto jornalístico** (notícia, p. ex.), as questões *literais* se referem aos elementos essenciais dessa tipologia: *O quê? Onde? Quando? Quem? Como? Por quê?* As questões *inferenciais* deverão referir-se a *opiniões* acerca do fato, *julgamento* acerca do modo como foi narrado, a relação entre o título e o texto, o destaque dado pelo jornal ou revista, a intencionalidade do jornalista e do editor, as implicações sociais etc. (*estratégias metacognitivas*). Se possível, comparar a mesma notícia com a que foi dada por outro agente.

Uma das formas de avaliar se a ideia principal foi compreendida é pedir para o estudante dar outro título para o texto. Um bom título é o que define o sentido do texto.

Questões reflexivas acerca do próprio processo de leitura também são importantes

---

EXEMPLOS

• Você gostou do texto? Sim ou não? Por quê?

• Você teve alguma dificuldade durante a leitura? Qual? Em caso afirmativo, o que você fez para superar essa dificuldade?

Em se tratando de **textos narrativos**, pode-se também pedir que os estudantes **reescrevam a história** (*paráfrase*) ou façam uma *paródia*, modificando **um** dos elementos constitutivos do gênero narrativo (tempo, espaço, personagens etc.) Exemplo: substituir os personagens animais por humanos, em fábulas.

Também se pode dar um *roteiro*:

Para um texto narrativo

REESCREVA O TEXTO COM AS SUAS PALAVRAS

Incluir:

a) Em que tempo e lugar ocorreu a história?

b) Quantos e quais foram os personagens? Como eles eram?

c) Que situação eles estavam vivendo?

d) Houve algum problema, alguma complicação? Como os personagens reagiram? O que fizeram para resolvê-lo?

e) Qual o final?

Você escolhe a ordem da narrativa, desde que a história tenha *início, desenvolvimento e conclusão*.

Para um texto jornalístico

ESCOLHA UM PRODUTO QUE VOCÊ QUEIRA COLOCAR À VENDA E REDIJA UM ANÚNCIO BREVE, CLARO E OBJETIVO

Incluir:

a) O tipo de produto, suas principais características e vantagens.

b) Preço.

c) Condições de venda.

d) Dados para contato.

Os textos narrativos e jornalísticos podem incluir a descrição de pessoas, animais, lugares, objetos, condições. A compreensão exige a identificação de semelhanças e diferenças, o que implica a habilidade de observar e enunciar as características observadas. Essas habilidades são amplamente utilizadas em conteúdos de história, geografia, ciências físicas e naturais. Convém, portanto sempre que houver oportunidade, propor atividades *orais e escritas* desde muito cedo por meio da comparação entre objetos, animais, estações do ano e eventos sociais.

Para a escrita de descrições pode-se indicar um roteiro a ser seguido. Exemplo: em sala de aula, propor um jogo de adivinhação. Cada criança descreve um animal conhecido e pela descrição, os colegas deverão adivinhar o nome dele.

DESCREVER UM ANIMAL • Como ele é? (Tamanho e aparência física.) • O que gosta de comer? • Onde e como vive? O que gosta de fazer? • Qual a relação desse animal com seres humanos, com a natureza e com os outros animais? • Outras ideias que você achar importantes.

É importante destacar que os gêneros textuais representam uma construção coletiva da sociedade e que são apropriados pelos leitores. Portanto, as produções individuais dependem das experiências anteriores de leitura, assim como da imaginação e criatividade daquele que escreve. *A leitura alimenta e enriquece a produção escrita.*

Da mesma forma, para a compreensão de um texto escrito a visão de mundo do leitor, constituída pelas vivências, experiências, leituras e conhecimentos prévios, é essencial para que ele se aproprie do texto e possa atribuir a ele um sentido. Ou seja, a compreensão é uma espécie de **doação recíproca**: *o sentido não é simplesmente dado ao leitor; é trocado por algo que ele deve trazer. Se o leitor chegar ao texto de mãos vazias, nada leva.* O educador tem um papel essencial de mediação nas "possíveis leituras" de um texto (KLEIMAN, 2007; KOCH & ELIAS, 2014; WIGENT, 2013).

Assim, é importante que *leitura e produção* sejam trabalhadas paralelamente pelos profissionais da educação. Um mesmo tema poderá ser escrito de formas diversas, utilizando gêneros e linguagens diferentes: cinema, teatro, música, poesia, prosa. Além disso, os textos não existem isoladamente, mas levam a marca do seu tempo e de outros textos produzidos por outros autores. Isso é intertextualidade.

Da mesma forma que a leitura, a produção escrita também deverá ser avaliada pelo próprio estudante. Questões reflexivas podem ser propostas e o texto escrito deve ser lido e reescrito, de acordo com as sugestões do capítulo 3 sobre a escrita, na presente obra.

3 Leitura compartilhada

Quando o texto é mais longo, mais complexo, narrativo ou dissertativo, após a leitura silenciosa pode-se fazer com o estudante uma leitura compartilhada. Nessa situação o ato de ler é permeado pelo diálogo. O profissional terá a oportunidade de "pensar em voz alta", fazendo *questionamentos* acerca do texto, com a intenção de que o estudante perceba as estratégias de leitura que podem ser utilizadas. Por exemplo, distinguir *o que é mais importante e o que é redundante, o que é fato e o que é opinião*. Exemplos: "Será que compreendi bem?" (*rever o texto*). Em caso de dúvida, "Vou ler novamente esse parágrafo" (*reler*); explicitar os questionamentos acerca de uma ideia "O que está escrito?" "O que o autor quis dizer?" Perceber a *relação* entre duas afirmações. Essas são as estratégias metacognitivas de monitoramento da compreensão (SOLÉ, 1998; WIGENT, 2013).

O profissional poderá trocar de papel com o aluno e pedir que ele explicite verbalmente as reflexões acerca do texto, durante a leitura. Em sala de aula é importante que estudantes mais fluentes, façam a leitura e orientem os colegas menos experientes. Da mesma forma, alunos com dificuldade em compreensão poderão progredir formando dupla com um leitor proficiente.

Nos textos *informativos* ou *dissertativos* as *estratégias depois da leitura* são essenciais. Questões literais e inferenciais poderão ajudar o estudante a elaborar o seu pensamento acerca do conteúdo do texto. Além disso, é importante que ele organize, elabore e represente as ideias principais. As estratégias mais comuns são a elaboração de *esquemas e resumos* (SOLÉ, 1998). Seria interessante também solicitar que os alunos construam mapas conceituais, conforme as orientações detalhadas no capítulo 8 da presente obra.

ROTEIRO PARA ELABORAR UM RESUMO

- Localizar o tema e a ideia principal.
- Identificar informações triviais que poderiam ser deixadas de lado.
- Suprimir informações repetidas.
- Agrupar as ideias (generalizar). Ex.: maçã, banana, abacaxi são *frutas*.
- Identificar uma frase-resumo ou gerá-la.

A *elaboração do resumo* precede e facilita a representação visual do texto por meio de *esquemas e mapas conceituais*. (Cf. tb. o capítulo 3 da presente obra.)

ELABORAÇÃO DE UM ESQUEMA	EXEMPLO	
• Gerar palavras ou frases curtas para cada ideia principal. • Identificar e gerar frases curtas para cada ideia secundária e colocá-las depois de chaves à direita (ou abaixo) da ideia correspondente.	1) xxx	a) xxx b) xxx c) xxx
• Se houver mais ideias secundárias devem-se acrescentar novas chaves.	2) xxx	a) xxx c) xxx

Obs.: As chaves podem ser substituídas por setas, retângulos ou números e letras.

A *análise das ideias* do texto para compreendê-lo, *a elaboração e a organização das ideias principais* em esquemas, resumos, comentários, discussão, representam uma etapa essencial do processamento da informação, com vistas à assimilação e integração da aprendizagem.

Avaliação da leitura

Além de questões literais e inferenciais a serem respondidas pelo aluno, o profissional pode avaliar o seu progresso por meio da reprodução oral ou escrita do texto, por meio dos esquemas e resumos das ideias principais, sempre se levando em conta o tipo de texto lido.

Uma maneira prática de avaliar o seu progresso é utilizar frases ou pequenos textos com lacunas para serem preenchidas pelo educando. Essa técnica, denominada *cloze*, exige que o leitor inicialmente construa uma visão global do texto, para, em seguida, inferir qual o melhor vocábulo para substituir cada lacuna (SANTOS & MONTEIRO, 2016). Acertos entre 44 a 57% indicam um *nível médio de compreensão*.

A técnica *cloze* é útil, igualmente, como meio de melhorar a leitura. Para preparar um *cloze* é necessário, depois de escolhido o texto, criar as lacunas, isto é, subtrair palavras e substituí-las por um espaço de tamanho proporcional obedecendo a uma certa regularidade (a cada 10 vocábulos ou menos); por exemplo, de cinco em cinco palavras. A primeira e a última frases ficam sem lacuna (SANTOS, 2004). Exemplo:

A CASA DA TARTARUGA
(ALLIENDE e cols., 1994)[2]

Um menino ganhou uma tartaruga bem piquititinha.

– Vou fazer uma casa _____ ela, disse o garoto. _____ um caixote e fez _____ porta. Dentro dele colocou _____ fresco e um monte _____ palha. "Aqui minha tartaruga _____ viver numa boa", pensava _____ amigo. E lá foi _____ buscar a _____. Encontrou-a dormindo, toda escondida _____ do seu casco.

---

2. ALLIENDE, F.; CONDEMARIN, M.; CHADWICK, M. & MILICIC, N. *Compreensão da Leitura 1*. Campinas: PSY II, 1994.

– A tartaruga _____ casa própria, disse ele, e _____ não tinha me tocado. Vou deixar a casinha que eu construí para quando eu ganhar um animal sem teto (84 palavras).

Para correção: para – Pegou – uma – capim – de – vai – nosso – ele – tartaruga – dentro – tem – eu (12)

Procedimentos: Pedir para o estudante fazer uma leitura silenciosa de todo o texto antes de começar a substituir as palavras. Para calcular o índice de acertos basta multiplicá-los por 100 e dividir pelo total de lacunas. No exemplo acima, número de acertos x 100: 12.

O GALO QUE LOGROU A RAPOSA

Monteiro Lobato[3]

Um velho galo esperto, percebendo a aproximação da raposa, empoleirou-se numa árvore. A raposa, desapontada, murmurou consigo: "Deixe estar, seu malandro, _____ (1) já te curo!" E em voz alta: –Amigo, venho, _____ (2) uma grande novidade: acabou-se a guerra entre os _____ (3). Lobo e cordeiro, gavião e pinto, onça e veado, raposa e galinhas, _____ (4) os bichos andam agora aos beijos _____ (5) namorados. Desça desse poleiro e venha receber o meu _____ (6) de paz e amor.

– Muito bem!, exclamou o galo. _____ (7) imagina como tal notícia me alegra! Que beleza vai _____ (8) o mundo, limpo de guerras, crueldade e traições! Vou descer _____ (9) para abraçar a amiga raposa. E, olhando para o outro lado falou:

– Mas... vejo que três cachorros estão quase chegando. Acho bom esperá--los, para que eles _____ (10) tomem parte na confraternização. Ao ouvir falar em _____ (11), dona raposa não quis saber de histórias _____ (12) de amigos cães. Fica para outra vez a festa, sim? Até logo. E safou-se (169 palavras).

Para correção: (1) que – (2) contar – (3) animais – (4) todos – (5) como – (6) abraço – (7) Não – (8) ficar – (9) já – (10) também – (11) cachorro – (12) nem (n. de acertos X 100: 12)

---

3. Adaptação de M.A.M. Gomes.

Observação: Nas séries iniciais pode-se alterar a ordem das palavras que correspondem às lacunas e deixá-las abaixo do texto e sem a numeração. Nesse caso o estudante deverá escolher a palavra que corresponde a cada lacuna.

Considerações finais

O desenvolvimento da compreensão leitora, como já afirmado anteriormente, é um processo longo e complexo. Na verdade, existem diversos níveis de compreensão leitora, assim como um texto comporta *diferentes níveis de análise e interpretação*.

Lamentavelmente, os resultados das avaliações oficiais mostram que os estudantes do Ensino Fundamental mal dominam o *nível mais superficial* de um texto; ou seja, os conhecimentos linguísticos básicos e necessários ao reconhecimento das palavras. Possuem um vocabulário limitado, e mal dominam as relações sintáticas e semânticas necessárias para a leitura e compreensão de frases simples ou pequenos textos. São poucos os que dominam as *relações mais complexas* necessárias para a compreensão das proposições e do sentido global do texto; isto é, as *relações de coesão e coerência*, os *aspectos formais da tipologia textual*, assim como as *funções comunicativas* de cada um. É o que se pede na matriz de referência do MEC/Saeb.

Não se trata de advogar uma volta do estudo formal da gramática, mas de inserir os estudantes no universo linguístico, no mundo mágico das palavras e trabalhar cada texto em profundidade, para que percebam a riqueza dessa realidade da nossa língua.

Para a *formação do leitor consciente e crítico* é necessário ir além! Caso contrário, podem ocorrer falhas na compreensão e na interpretação, tais como distorções e reducionismos, e o resultado é o leitor modelar o texto às próprias crenças e convicções. O *processamento mais profundo do texto* implica *analisar o contexto* do texto com a *utilização de conhecimentos prévios* sobre o autor e sua época. Além disso, identificar a visão de mundo do autor, o que disse e o que quis dizer, *suas intenções*, as imagens, emoções e experiências implícitas nas entrelinhas. Por meio do uso de estratégias de leitura mais complexas, avaliar e regular a própria compreensão de forma a construir novos significados a partir do que leu.

É importante reconhecer que *conhecimentos prévios* não se limitam a "estudos acadêmicos", mas incluem um repertório rico de vivências e experiências que ultrapassam os muros do lar e da escola e que permitam compreender o mundo em que vivemos com toda gama de contradições e desafios presentes e com todas as conquistas possíveis a empreender.

O desenvolvimento da leitura e da escrita ao longo do processo de escolarização é importante para a aprendizagem de todos os conteúdos escolares e é também fundamental para a participação ativa e consciente dos estudantes no mundo social e profissional, um dos objetivos da educação nacional. Interromper trajetórias de fracasso e garantir o sucesso nessas aprendizagens é um desafio para todos os educadores. Investir na formação de professores e alunos motivados, proativos e autorregulados poderá contribuir para transformar esse desafio em realidade.

Referências

BORUCHOVITCH, E.; ALMEIDA, L.S. & MIRANDA, L.C. (2017). Autorregulação da aprendizagem e psicologia positiva: criando contextos educativos eficazes e saudáveis. In: BORUCHOVITCH, E.; AZZI, R.G. & SOLIGO, A. (orgs.). *Temas em psicologia educacional*: contribuições para a formação de professores. Campinas: Mercado de Letras [Coleção Psicologia em Perspectiva].

BZUNECK, J.A. (2010). Como motivar os alunos: sugestões práticas. In: BORUCHOVITCH, E.; BZUNECK, J.A. & GUIMARÃES, S.E.R.

(2010). *Motivação para aprender*: aplicações no contexto educativo. Petrópolis: Vozes.

DEMBO, M.H. (2000). *Motivation and learning strategies for college success* – A self management approach. Londres: LEA.

DENTON, C.A.; WOLTERS, C.A.; YORK, M.J.; SWANSON, E.; KULESZ, P.A. & FRANCIS, D.J. (2015). "Adolescents' use of reading comprehension strategies: Differences related to reading proficiency, grade level, and gender". In: *Learning and Individual Differences*, 37, p. 81-95.

GANDA, G.R. & BORUCHOVITCH, E. (2015). "Self-handicapping strategies for learning of preservice teachers". In: Estudos de Psicologia, 32 (3), p. 417-425. Campinas [Disponível em http://dx.doi.org/10.1590/0103-166X2015000300007].

GOMES, M.A.M. (2008). *Compreensão autorregulada em leitura*: procedimentos de intervenção. Campinas: Unicamp [Tese de doutorado].

_____ (2002). *Aprendizagem autorregulada em leitura numa perspectiva de jogos de regras.* Campinas: Unicamp [Dissertação de mestrado].

GOMES, M.A.M. & BORUCHOVITCH, E. (2014). Promovendo a motivação para a leitura: contribuições para pais, professores e educadores. In: OLIVEIRA, G.C.; FINI, L.D.T.; BORUCHOVITCH, E. & BRENELLI, R.P. (orgs.). *Educar crianças, grandes desafios*: Como enfrentar? Petrópolis: Vozes, p. 132-149.

_____(2013). Leitura e compreensão: contribuições da psicologia cognitiva e da Teoria do Processamento da Informação. In: MOTA, M.P.E. & SPINILLO, A. (orgs.). *Compreensão de textos.* São Paulo: Casa do Psicólogo.

_____ (2011). "Aprendizagem autorregulada da leitura: resultados positivos de uma intervenção psicopedagógica". In: *Psicologia*: Teoria e Pesquisa, 27 (3), p. 291-299.

_____ (2005). "Desempenho no jogo, estratégias de aprendizagem e compreensão em leitura". In: *Psicologia*: Teoria e Pesquisa, 21 (3), p. 319-326.

GUTHRIE, J.T.; WIGFIELD, A. & YOU, W. (2012). Instructional contexts for engagement and achievement in reading. In: CHRISTENSEN,

S.; RESCHLY, A. & WYLIE, C. (eds.). *Handbook of research on student engagement*. Nova York: Springer Science, p. 601-634.

HACKER, D.J. (1998). Self-regulated Comprehension During Normal Reading. In: HACKER, J.D.; DUNLOSKY, J. & GRAESSER, A.C. (orgs.). *Metacognition in Educational Theory and Practice*. Londres: Associates Publishers (LEA), p. 165-191.

IANNELLI, A.R. (2016). *The effects on student understanding when questioning techniques are used during the reading of informational text* [Theses and Dissertations, 574] [Disponível em http://rdw.rowan.edu/etd/574].

INAF (2016). *Estudo especial sobre alfabetismo e mundo do trabalho*. Instituto Paulo Montenegro/ONG Ação Educativa [Disponível em http://acaoeducativa.org.br/wp-content/uploads/2016/09/INAFEstudos Especiais_2016_Letramento_e_Mundo_do_Trabalho.pdf].

INEP (2016). *Sistema de avaliação da educação básica* – Avaliação Nacional de Alfabetização.

KLEIMAN, A.B. (2007). *Texto & leitor*: aspectos cognitivos da leitura. 10. Ed. Campinas: Pontes.

KOCH, I.V. & ELIAS, V.M. (2014). *Ler e compreender os sentidos do texto*. 3. ed. São Paulo: Contexto.

McCORMICK, C.B.; MILLER, G. & PRESSLEY, M. (1989). *Cognitive strategy research from basic research to educational applications*. Springer--Verlaq.

MOTA, M.M.P.E. (org.) (2009). *Desenvolvimento metalinguístico*: questões contemporâneas. São Paulo: Casa do Psicólogo.

PRESSLEY, M.; WOLOSHYN, V.; BURKELL, J; CARIGLIA-BULL, T.; LYSNCHUNK, L.; McGOLDRICK, J.A.; SCHNEIDER, B.; SNYDER, B.L. & SYMONS, S. (1995). *Cognitive strategy instruction that really improves children's academic performance*. 2. ed. Cambridge, Mass.: Brookline Books.

SANTOS, A.A.A. (2004). "O *cloze* como técnica de diagnóstico e remediação da compreensão em leitura". In: *Interação em Psicologia*, 8 (2), p. 217-226 [Disponível em http://dx.doi.org/10.5380/psi.v8i2.3257].

SANTOS, A.A.A. & MONTEIRO, R.M.M. (2016). "Validade do *cloze* enquanto técnica de avaliação da compreensão de leitura". In: *Estudos Interdisciplinares em Psicologia*, 7 (2), p. 86-100. Londrina.

SCHMITT, M.C. (2003). "Metacognitive Strategy Knowledge: Comparison of Former Reading Recovery Children and Their Current Classmates". *Literacy Teaching and Learning*, 7 (1/2), p. 57-76.

SHORT, E. & WEISSBERG-BENCHELL, J.A. (1989). The triple alliance for learning: Cognition, Metacognition and Motivation. In: McCORMICK, C.B.; MILLER, G. & PRESSLEY, M. (eds.). *Cognitive strategy research*: from basic research to educational applications. Nova York: Springer-Verlag, p. 33-63.

SOLÉ, I. (1998). *Estratégias de leitura*. Porto Alegre: Artmed.

SOUVIGNIER, E. & MOKHLESGERAMI, J. (2006). "Using self-regulation as a framework for implementing strategy instruction to foster reading comprehension". *Learning and Instruction*, 16, p. 57-71.

SPIRA, E.G.; BRACKEN, S.S. & FISCHEL, J.E. (2005). "Predicting Improvement After First-Grade Reading Difficulties: The Effects of Oral Language, Emergent Literacy, and Behavior Skills". In: *American Psychological Association*, 41 (1), p. 225-234.

WIGENT, C.A. (2013). "High school readers: A profile of above average readers and readers with learning disabilities reading expository text". In: *Learning and Individual Differences*, 25, p. 134-140.

WOLTERS, C.A.; DENTON, C.A.; YORK, M.J. & FRANCIS, D.F. (2013). "Adolescents' motivation for reading: group differences and relation to standardized achievement". In: *Read Writ*, 27, p. 503-533.

ZIMMERMAN, B.J. (2013). "From Cognitive Modeling to Self-Regulation: A Social Cognitive Career Path". In: *Educational Psychologist*.

3
Como promover a autorregulação da escrita no Ensino Fundamental?

Elis Regina da Costa
Evely Boruchovitch

Introdução

Escrever é uma habilidade extremamente importante na vida escolar dos alunos. A aquisição, produção e consolidação da língua escrita é um processo em longo prazo, que requer do aluno, conhecimentos variados sobre si mesmo, sobre seus processos de pensamento e a coordenação destes em nível intelectual, afetivo e motivacional.

No que concerne às atividades de escrita e produção de textos, é importante que no transcorrer do Ensino Fundamental o professor enfatize junto aos alunos alguns aspectos. Primeiramente, o professor deve destacar a noção da utilidade da escrita, ou seja, para que ela serve. Tal consideração remete à ideia de que a escrita é um instrumento com usos e funções. Nesse sentido, ela serve para comunicar algo, contar fatos, registrar ideias e intenções (JOLIBERT, 1994). Mais especificamente, enquanto os usos se referem ao que o indivíduo pode realizar por meio da língua escrita, as funções envolvem o que a língua escrita pode proporcionar às pessoas. O uso pode estar relacionado à realização de atividades dentro do contexto escolar (uso escolar) ou da vida diária (uso extraescolar). Já as funções dizem respeito aos ganhos pessoais imediatos, a curto e/ou em longo prazos, relacionados à obtenção de conhecimentos, com a finalidade de conseguir uma melhor colocação profissional, bem como com a possibilidade de transformar a sociedade, entre outras possibilidades. O segundo aspecto a ser trabalhado pelo professor diz respeito ao poder conferido ao indivíduo que possui a habilidade da escrita. Habilidade essa que envolve poder opinar, argumentar e exigir seus direitos na sociedade, obter uma subvenção da prefeitura, se posicionar frente a uma discussão, sabendo argumentar contra ou a favor de um fato, como por exemplo, poder falar da legalização do aborto, da pena de morte, da eutanásia, entre outros temas e assuntos. Como terceiro e último aspecto destaca-se a necessidade de o docente investir esforços no sentido de despertar nos alunos o prazer de se produzir um texto: *"de inventar, de procurar as palavras, de vencer as dificuldades encontradas"* (JOLIBERT, 1994, p. 6).

Muitos alunos, sobretudo aqueles com baixo aproveitamento escolar, possuem dificuldade em expressar suas ideias, experiências, conhecimentos, informações e sentimentos por meio da escrita. Estudos científicos mostram que somente os conhecimentos de gramática e regras de pontuação não garantem a construção de um bom texto. Ao contrário do que se pode imaginar, a ênfase excessiva do professor nesses dois aspectos ou a forte preocupação do aluno a esse respeito pode prejudicar ou desencorajar o esforço de produzir textos mais sofisticados e de revisá-los depois (JOLIBERT, 1994; COSTA & BORUCHOVITCH, 2010, 2015).

Tendo em vista a importância do papel da escrita na vida cotidiana, no início e no transcorrer da educação formal dos alunos, o propósito deste capítulo é apresentar propostas para o ensino de estratégias de aprendizagem voltadas para a produção de textos narrativos. Tem-se em vista contribuir para melhorar a qualidade da produção de textos dos alunos e auxiliá-los no fortalecimento da autorregulação de sua aprendizagem.

O que são estratégias de aprendizagem? Por que elas são tão importantes no contexto educativo?

Estudos na área da psicologia da educação revelam que é possível melhorar o desempenho escolar dos estudantes ensinando-os a utilizar, de maneira eficiente, estratégias de aprendizagem em áreas e disciplinas específicas como a Matemática, a Leitura e a Escrita. Pesquisas realizadas nos últimos anos demonstram que as estratégias de aprendizagem auxiliam o aluno a aprender mais profundamente, ampliando suas possibilidades de receber informações e transformá-las em conhecimento.

Estratégias de aprendizagem podem ser conceituadas como técnicas, procedimentos e/ou quaisquer atividades que nos auxiliem na aquisição, armazenamento e na utilização das informações que recebemos do meio. Nesse sentido, sublinhar, revisar, elaborar e resumir textos são exemplos de estratégias de aprendizagem (DEMBO, 1994; SILVA & SÁ, 1997). As estratégias de aprendizagem devem ser entendidas não somente como formas de estudar, mas também como um processo de autoconhecimento a respeito do seu próprio processo de aprendizagem, capacidade essa chamada de metacognição. Esta se refere ao conhecimento dos próprios processos de conhecer, implicando planejamento, previsão, monitoramento e regulação deste processo (DEMBO, 2000; PRESSLEY et al., 1995). Pode-se concluir que metacognição é um refletir sobre seu modo pessoal de conhecer e aprender, implicando a tomada de consciência, controle e regulação de seu próprio processo mental.

A metacognição contempla três conhecimentos: o conhecimento sobre si mesmo, o conhecimento a respeito das tarefas e o conhecimento relativo às estratégias de aprendizagem. Já o controle metacognitivo refere-se a três aspectos que proporcionam eficiência e flexibilidade no uso das estratégias de aprendizagem: o planejamento, o monitoramento e a regulação dos processos cognitivos. Planejar diz respeito ao estabelecimento de uma organização para lidar com o material de aprendizagem. Monitorar relaciona-se ao acompanhamento e à verificação do quanto o indivíduo aprendeu ou não de um determinado conteúdo. Regulação, como o próprio nome indica, envolve o comportamento de modificar as atividades de estudo, quando se percebe que não houve uma compreensão adequada do material a ser aprendido (BOEKARTS, 1996).

Pode-se ensinar o aluno a fortalecer a sua metacognição e consequentemente melhorar seu desempenho escolar por meio do ensino de estratégias de aprendizagem (FLAVELL, 1979).

Os estudos desenvolvidos a partir dos referenciais teóricos da psicologia cognitiva baseada na Teoria do Processamento da Informação e da Perspectiva da Aprendizagem Autorregulada (GRAHAM; HARRIS & MACARTHUR, 1993; PRESSLEY et al., 1995) constataram que, alunos com alto desempenho escolar utilizam estratégias de aprendizagem eficientes no momento de aprender e estudar. O contrário também foi verificado. Alunos com baixo aproveitamento escolar não usam ou utilizam menos frequentemente estratégias adequadas para aprender. Mais especificamente em relação à escrita de textos, os estudos mostram relações entre o uso eficiente de estratégias de aprendizagem e maior qualidade na produção textual. Muitos estudantes não sabem como escrever adequadamente um texto, narrar uma história, generalizar ideias para escrever ou produzir um texto argumentativo. Lamentavelmente, a grande maioria dos alunos não costuma refletir sobre seus métodos ou técnicas de estudo. Por outro lado, a educação formal não tem também contribuído para que os alunos aprendam como estudar de maneira eficiente, bem como para que produzam um texto adequadamente, utilizando e refletindo sobre suas estratégias de aprendizagem (BORUCHOVITCH; COSTA & NEVES, 2005; COSTA & BORUCHOVITCH, 2015; RIOS, 2005).

A psicologia cognitiva baseada na Teoria do Processamento da Informação defende que o educador ensine ao aluno não somente o conteúdo, mas também como aprendê-lo por meio do uso de estratégias de aprendizagem. Segundo esse modelo, educadores podem potencializar a aprendizagem de seus alunos, nos diversos graus de escolaridade bastando, para isso, orientá-los em relação a como estudar. A persistência em usar as estratégias é característica dos melhores alunos, denominados bons processadores da informação. Contudo, além de acessar, combinar e controlar seus processos de pensamento, os estudantes que processam bem a informação possuem consciência de seu estado emocional e motivacional. Aspectos esses fundamentais e que também interferem diretamente em seus processos de aprendizagem.

Assim, o ensino de estratégias de aprendizagem é importante porque se constitui um instrumento capaz de viabilizar melhorias no processo de aprendizagem e no desempenho escolar dos estudantes. Contribui para resgatar a confiança e a autoestima dos alunos. Colabora para que os professores percebam que todos os alunos têm capacidade para aprender e pensar sobre como aprender de forma eficiente. Evidências mostram que, ao serem informados de que o uso adequado de estratégias de aprendizagem melhora o desempenho, os alunos se sentem mais motivados em usá-las em suas atividades diárias e continuam a usá-las mesmo após o término do seu ensino (COSTA & BORUCHOVITCH, 2015).

Ensinar o aluno a usar frequentemente e com eficiência as estratégias de aprendizagem aumenta o nível de autorregulação da própria aprendizagem. Autorregular é sinônimo de gerenciar os vários aspectos envolvidos na aprendizagem: a capacidade metacognitiva, a motivação e o comportamento. Alunos autorregulados possuem como características a crença de que são competentes, autônomos e eficientes em gerenciar as várias etapas do processo de aprendizagem (BORUCHOVITCH, 2014; ZIMMERMAN, 1986, 2008).

Se o ensino de estratégias de aprendizagem fosse promovido a partir dos primeiros anos escolares, o desempenho acadêmico dos estudantes, em geral, seria favorecido, pois eles aprenderiam desde cedo a usar estratégias eficientes para autorregular sua própria aprendizagem. Tais habilidades seriam desenvolvidas e aperfeiçoadas pelos alunos. Mesmo após deixarem a escola, eles continuariam a se educar, atualizando continuamente seus conhecimentos e tornando-se aprendizes autônomos (BOEKARTS, 1996; MALPIQUE; VEIGA SIMÃO & FRISON, 2017; SIMÃO; CHAMBEL; MALPIQUE & FRISON, 2016; ZIMMERMAN, 2008).

Como ensinar os alunos a usarem as estratégias de aprendizagem para a produção de textos narrativos?

As estratégias de aprendizagem descritas a seguir foram ensinadas para 35 alunos da 6ª série de uma escola pública da cidade de Catalão, GO, na faixa etária entre 11 e 16 anos, provenientes de camadas sociais desfavorecidas. As turmas foram divididas, de maneira aleatória, em dois grupos: experimental e controle. O grupo experimental foi constituído por 18 crianças e o controle por 17 alunos. Os alunos do grupo experimental participaram de um programa desenvolvido para melhorar sua escrita. Os alunos do grupo controle apenas tiveram aulas normais com a professora-regente de turma. O programa foi realizado em sete encontros, os quais, além de se ensinar o uso eficiente de estratégias de produção de textos, aspectos motivacionais e afetivos também foram trabalhados. Os resultados da pesquisa revelaram que os alunos que participaram do programa de ensino de estratégias de aprendizagem ampliaram significativamente o repertório de estratégias de aprendizagem específicas para produção de textos, bem como escreveram narrativas de melhor qualidade. Estudantes do sexo feminino diminuíram seus erros ortográficos. Alunos de faixa etária avançada foram os mais favorecidos pelo ensino. Estudantes repetentes mostraram uma leve evolução em sua motivação para aprender. O leitor encontrará maiores detalhes desse estudo em Costa e Boruchovitch (2010, 2015) e em Rios (2005).

De forma geral, para que o ensino de estratégias de aprendizagem seja eficiente, deve ser promovido, de preferência, num período de tempo mais longo, pois aprender estratégias é um esforço em longo prazo, tanto para o aluno como para o professor (DERRY & MURPHY, 1986). Devem-se ensinar poucas estratégias por vez, passo a passo, de maneira gradual. Devem-se fornecer ao aluno muitas informações sobre sua aplicação em contextos específicos, bem como várias oportunidades para vivenciar o uso da estratégia ensinada. O professor pode desenvolver um trabalho voltado para o ensino de estratégias durante todo o ano letivo. Pode inseri-las em atividades de aprendizagem, utilizando, por exemplo, o resumir e o mapa conceitual como formas de preparação para exames e testes.

A prática em usar estratégias de aprendizagem deve ser orientada e permitir ao aluno saber como aplicá-las em tarefas importantes e cotidianas em sala de aula. Devem-se ensinar poucas estratégias e ensiná-las bem, utilizando tarefas significativas do contexto escolar (PRESSLEY et al., 1995). As condições ideais para o ensino de estratégias de aprendizagem na escola envolveriam ensiná-las durante muitos anos, acompanhando o avançar dos anos escolares (do 1º ao 9º anos) e o aumento das exigências das tarefas. Alguns fatores são essenciais para o ensino de estratégias como, por exemplo, a participação voluntária dos alunos nos encontros, o estímulo e a manutenção dos níveis altos ou apropriados de motivação e o conhecimento contextual e estratégico de como fazer as tarefas. É preciso também um contexto de ensino que apoie e reforce o ensino das estratégias de aprendizagem implementadas, no dia a dia da escola, bem como a sua integração no currículo (HATTIE; BIGGS & PURDIE, 1996; MALPIQUE et al., 2017).

Quando o professor ensina o aluno a usar uma estratégia de aprendizagem, ele deve começar pela descrição de uma determinada estratégia, acompanhada por informações metacognitivas sobre por que, onde e quando aplicá-la. O conhecimento, o controle metacognitivo e o monitoramento proporcionado pelo professor durante o ensino devem ser usados pelo aluno como um guia prático para melhorar a utilização da estratégia.

Em seu trabalho, Silva e Sá (1997) descrevem a síntese realizada por Winogard e Hare (1988) sobre como o ensino de estratégias de aprendizagem tem sido abordado em diferentes estudos destinados a tornar os alunos mais aptos a utilizarem estratégias de compreensão de leitura, que também pode ser utilizada para o ensino de estratégias de produção de textos. As explicações baseiam-se em cinco aspectos-chave que podem ser abordados com os alunos por meio de perguntas:

1) *Qual é a estratégia?* Nessa primeira etapa faz-se uma descrição das características da estratégia ou fornece-se uma definição em termos bastante detalhados.

2) *Por que a estratégia deve ser usada?* Em seguida explica-se por que a estratégia deve ser aprendida, seus propósitos e benefícios potenciais.

3) *Como usar a estratégia?* A próxima etapa consiste na explicação passo a passo, o mais claramente possível, de como aplicar a estratégia. Quando os passos individuais de uma estratégia são difíceis de explicar, como por exemplo, identificar as ideias principais, podem ser usadas analogias e outros recursos auxiliares instrutivos, como relatar verbalmente o pensamento. Um aluno de bom desempenho escolar, por exemplo, pode ser convidado a dramatizar para a turma, como costuma estudar em casa, detalhando os seus processos de pensamento, as estratégias e os comportamentos que rotineiramente utiliza para aprender e estudar.

4) *Quando a estratégia deve ser usada?* No quarto aspecto explicitam-se quais são as circunstâncias apropriadas no emprego da estratégia.

5) *Como avaliar a utilização da estratégia?* No quinto e último aspecto esclarece-se sobre como saber se a utilização da

estratégia de aprendizagem se mostrou útil ou não e o que fazer, caso não tenha sido eficaz.

É importante reforçar algumas recomendações gerais sobre o ensino de estratégias de aprendizagem. O professor deve: ensinar poucas estratégias por vez, até os alunos se familiarizarem com a prática do uso; explicar detalhadamente cada nova estratégia; estar sempre atento para esclarecer as dúvidas quanto ao uso da estratégia; explicar por meio de exemplos variados onde e como utilizar estratégias, principalmente as metacognitivas.

Quando o docente permite que o aluno fale, compartilhe e faça uma reflexão sobre os seus pontos fortes, fracos e preferências, proporciona oportunidades para que os alunos aumentem o conhecimento sobre eles mesmos. Já quando o professor dá dicas, pistas de como organizar um seminário, escrever um texto argumentativo, narrativo, ele provê conhecimentos sobre as tarefas.

Vale esclarecer que, quando o professor promove as ações descritas anteriormente, ele contribui para aumentar a capacidade metacognitiva dos seus alunos. O professor, ao agir assim ajuda o aluno a regular de maneira eficiente seu tempo disponível para estudar (gerenciamento do tempo), bem como o seu processo intelectual.

O professor também deve garantir a solicitação do uso da estratégia em tarefas apropriadas, bem como produzir oportunidades para muita prática. Igualmente deve encorajar os estudantes a monitorarem sua compreensão sobre o uso das estratégias e acerca do que estão pensando quando as usam. Igualmente importante é o professor enfatizar a necessidade de o aluno manter pensamentos positivos e automotivantes como "Eu vou conseguir!" "Eu sou capaz!" Promover e encorajar junto aos alunos a aplicação das estratégias, fazendo-os relembrar as diversas atividades que realizam diariamente na escola, e quando poderiam aplicar as estratégias que estão aprendendo nessas tarefas são outras práticas essenciais do professor. Muito necessário ainda é o docente aumentar a motivação dos alunos para usarem as estratégias de aprendizagem, intensificando a percepção deles de que estão adquirindo habilidades valiosas que são o coração do funcionamento competente na realização de tarefas de aprendizagem. Por fim, cabe ao professor enfatizar a leitura e produção de textos dentro de um processamento reflexivo da informação, em vez do processamento rápido. Deve ainda utilizar todas as oportunidades para eliminar a alta ansiedade nos estudantes e encorajá-los a se protegerem das distrações que possam ter durante as tarefas escolares (PRESSLEY et al., 1995).

Ademais, um aspecto importante para uma melhor implementação do ensino de estratégias de aprendizagem em sala de aula é garantir a articulação entre as estratégias de aprendizagem, o ano escolar cursado, as tarefas e os conteúdos. Nesse sentido o educador deve planejar e controlar as tarefas que envolvem a utilização de diferentes estratégias em sala de aula. Isso exige uma mudança na forma de programar as aulas, que devem ser pensadas e planejadas tendo em vista a promoção do uso eficiente de estratégias de aprendizagem.

Como auxiliar os alunos a gerarem e generalizarem ideias para produzir um texto descritivo, narrativo e argumentativo?

A seguir, apresenta-se uma lista de possíveis perguntas, as quais podem ser sugeridas aos alunos com o propósito de ajudá-los a planejar e generalizar ideias sobre diferentes tipos de produção de textos: descrever um objeto, relatar a sequência de um fato, gerar ideias sobre um tema, narrar um fato ou história e argumentar ou opinar (HUME, 1983, apud PRESSLEY et al., 1995). As perguntas podem ser impressas, expostas em um quadro, auxiliando o estudante a focar sua atenção na geração e na generalização de ideias, além da organização das informações dentro do processo de planejamento da escrita de um texto.

Quadro 1 Questões para gerar e generalizar ideias

DESCREVER UM OBJETO

1) O que isto lhe parece? (Ex.: tamanho, cor.)
2) Como é o cheiro disso?
3) Qual o som disso?
4) Como você se sente em relação a isso?
5) Como lhe parece o gosto disso?

SEQUENCIAR UM EVENTO

1) O que aconteceu primeiro?
2) O que aconteceu depois? E depois?
3) O que aconteceu por último?
4) Quando aconteceu?
5) Onde aconteceu?
6) Com quem aconteceu?

LEVANTAR IDEIAS SOBRE FATOS DE UM TÓPICO

1) Qual é o assunto?
2) Por que o assunto é importante?
3) Sobre qual parte do assunto eu escreverei?*
4) Como eu posso ilustrar o assunto?
5) Que outras questões eu posso perguntar sobre o assunto?
6) Quais são as respostas a essas questões?
7) Eu tenho alguns problemas com esses assuntos?
8) Quais são as soluções para esses problemas?

---

* Para crianças mais velhas, essas três questões podem ser resumidas nas seguintes:

1) Qual é o problema?
2) Qual é a solução?

(Traduzido e adaptado por Humes, 1983, apud Pressley et al., 1995.)

NARRAR UM FATO OU UMA HISTÓRIA
1) Quem é o personagem principal?
2) Quem está mais na história?
3) Quando a história toma lugar?
4) Onde a história toma lugar?
5) O que mais o personagem principal faz ou quer fazer?
6) O que os outros personagens fazem?
7) O que acontece quando o personagem principal faz ou tenta fazer isso?
8) O que acontece com os outros personagens?
9) Como a história termina?
10) Como o personagem principal se sente?
11) Como os outros personagens se sentem?
(Traduzido de Graham e Harris, 1992a, 1992b, apud Pressley et al., 1995.)

Quadro 2 Generalizar ideias para argumentar sobre um assunto

Argumentar ou opinar
a) Qual opinião pode uma pessoa ter sobre esse tópico?
b) Quantas pessoas terão a mesma opinião que eu?
c) Quais argumentos outras pessoas podem ter sobre esse assunto?
d) Qual razão eu posso dar a eles a fim de mostrar que minha opinião está certa?
e) O que posso eu dizer para provar que minhas razões são boas razões?

A técnica da "tempestade de ideias" pode servir como forma de implementar todas as ideias contidas nos quadros 1 e 2. A alternativa seria o próprio professor simular, em voz alta, um diálogo interno sobre como escrever um texto usando as estratégias propostas nesses quadros.

Especificamente, no momento de argumentar a respeito de um tema, uma orientação importante a ser passada pelo professor ao aluno refere-se à habilidade de antecipar perguntas da audiência, ou de algum leitor em potencial. A audiência pode ser tanto os colegas de outros anos escolares quanto professores e autoridades convidadas a estarem presentes na escola. Nesse sentido, explicitar ao aluno como tornar claras as intenções do texto pode auxiliar sensivelmente na sua produção (PRATA; FESTAS; FERREIRA & DAMIÃO, 2015).

Quais são as estratégias específicas para produção de textos narrativos?

Uma sugestão para iniciar o ensino de estratégias para a escrita de textos em sala de aula seria o professor promover uma autorreflexão junto ao aluno sobre a qualidade de seus textos naquele momento. Nesse sentido, antes de iniciar o ensino de estratégias de aprendizagem, o professor examina e discute com os alunos o seu desempenho atual na atividade de produção de textos, e as estratégias de aprendizagem que eles usam, presentemente para realizar uma tarefa de produção de texto. O professor discute os objetivos a serem alcançados por eles e os benefícios potenciais que eles terão ao usarem as estratégias. Como exemplos de objetivos passíveis de serem alcançados podem ser citados: como escrever uma narrativa de qualidade, como controlar o processo de escrita, usar estratégias de aprendizagem de forma mais eficiente, conhecer suas próprias capacidades como escritor, dentre outros (SIMÃO et al., 2016).

O quadro a seguir mostra as estratégias de aprendizagem para a produção de textos narrativos que podem ser ensinadas para os alunos. As estratégias de aprendizagem que envolvem a produção de textos narrativos são: pensar, planejar, escrever, escrever mais, revisar e/ou reescrever.

Quadro 3 Estratégias de aprendizagem para escrever textos narrativos

1) Pensar.
2) Planejar.
3) Escrever.
4) Escrever mais.
5) Revisar e/ou reescrever.

Ensinar a pensar e planejar

A primeira parte da estratégia implica **pensar** quem lerá o texto e por que é importante escrevê-lo. No segundo passo, ensina-se aos estudantes que é importante **planejar** o que vai ser dito no texto. No planejar, ensina-se ao estudante que é necessário planejar antes de escrever e que planejar envolve pensar antecipadamente a respeito de um assunto. Na sequência, para auxiliar no planejamento da composição, ensina-se ao aluno a usar os passos da sigla **TREE,** que significam: **T:** Tomar notas do tema; **R:** tomar nota das Razões; **E:** Examinar as razões, pensar e planejar antecipadamente; **E:** Elaborar o final do texto. Tais passos podem ser colocados em um quadro para melhor visualização do aluno.

TREE
T = Tomar notas do tema.
R = Tomar nota das razões.
E = Examinar as razões, pensar e planejar antecipadamente.
E = Elaborar o final do texto.

Por exemplo, se o tema a ser desenvolvido for: "Meninos e meninas podem praticar esportes juntos?", o primeiro passo é anotar de forma resumida as *crenças* dos estudantes sobre o assunto *(pensar)*. A seguir, os alunos escrevem as *razões* para suas crenças. Durante este tempo encoraja-se o uso de autodeclarações (ex.: Deixe sua mente livre para pensar em todas as razões existentes). Depois de escrever as razões, é importante que o aluno examine cada uma delas. Razões pouco consistentes, que poderão não ser aceitas pelo leitor, são descartadas. Encerra-se o texto com uma boa *conclusão*. Continua-se a escrever textos usando as notas construídas previamente. À medida que os alunos compõem pode-se encorajá-los a pensar em mais ideias para escrever. Uma ação que faz parte da estratégia de pensar e planejar seria explicitar aos alunos os elementos básicos que compõem uma narrativa por meio de um quadro.

Quadro 4 Elementos básicos que compõem uma narrativa

Elementos	Episódios
• Personagens.	• Eventos precipitantes.
• Lugar.	• Objetivos ou metas dos personagens.
• Tempo.	• Ações para alcançar as metas.
	• Resoluções (ação) e reações dos personagens.

É importante discutir com os alunos a necessidade de não fazer autodeclarações negativas sobre si mesmo e sobre suas capacidades e inteligência. O professor deve enfatizar aos alunos que a inteligência não é um fator fixo e que pode ser desenvolvida por meio do uso eficiente e regulado de estratégias de aprendizagem.

Verifica-se se o aluno sabe o que significa **planejar**. Três estratégias podem ser mostradas por meio de um quadro: 1) **Pensar;** 2) **Planejar;** 3) **Escrever** e **Escrever mais**. Dentro de uma disciplina tradicional, o professor poderá utilizar lembretes concretos para estimular a memorização das estratégias.

Pensar e planejar

Pode-se ainda solicitar a dois alunos com alto rendimento escolar que simulem para toda a sala como estudam, demostrando passo a passo; por exemplo, *como organizam o ambiente físico para estudar.* Demonstrar a pertinência de aspectos como boa luminosidade do local de estudo (mesa ou escrivaninha), conforto térmico, presença dos materiais de estudo próximos a si (livros, cadernos, apostilas, entre outros) são medidas simples, mas que muito favorecem a concentração no momento de estudar.

Outra orientação seria o professor utilizar o modelo do tipo "pensando alto": solicita-se a um estudante que simule um diálogo, em voz alta, sobre como processa as informações importantes de partes do texto a serem estudadas. O professor pode ainda elaborar questões para estudo que requerem determinados processos de pensamento, como por exemplo, questões que exijam memorizar, analisar e estabelecer relações entre conceitos, analisar argumentos contra e a favor de um determinado assunto em tema polêmico; como, por exemplo, o aborto, entre outros.

Quadro 5 Estratégias para escrever textos narrativos

1) Pensar ⇒ pensar uma história que você gostaria de contar para os outros. A primeira parte da estratégia envolve pensar sobre quem lerá o texto (audiência) e porque você está escrevendo. **Permitir que sua mente seja livre.**

2) Planejar ⇒ escrever conforme os lembretes das partes da história. Ainda na fase de planejamento, você pode perguntar a si mesmo, as seguintes questões:

Lembrete

1) Qual será o *assunto*?

2) *Personagens*   Quem é o personagem principal?
                        Quem mais está na história?

3) *Ambiente*   Quando a história acontece?
                        Onde a história acontece?

4) *Problema ou propósito*   O que mais o personagem principal faz ou quer fazer?
                                 O que os outros personagens fazem?

5) *Ação*   O que acontece quando o personagem principal faz ou tenta fazer isso?
                  O que acontece com os outros personagens?

6) *Conclusão*   Como a história termina?

7) *Emoções*   Como o personagem principal se sente no final da história?
                        Como os outros personagens se sentem no final da história?

Tomar notas de suas ideias para cada parte e:

3) Escrever ⇒ escrever sua história.

4) Escrever mais.

3) Revisar e/ou reescrever.

Escrever, escrever mais

A seguir, explicita-se ao aluno que, só após passar pela etapa de pensar e planejar, começa-se a escrever o texto. Logo depois de o estudante encerrar a etapa da escrita, ele pode pensar em inserir mais ideias a fim de complementar a produção escrita, concretizando a estratégia de escrever mais.

Para auxiliar o aluno a memorizar as estratégias de maneira mais rápida o professor pode utilizar uma rota de memorização chamada "fogo rápido", na qual se orienta os alunos para que verbalizem os passos estratégicos o mais rápido possível. Em um primeiro momento de memorização permite-se que os alunos usem os quadros/figuras como sugestão.

Revisar e/ou reescrever

No que refere ao ato de *revisar*, os estudos sobre revisores eficientes mostram que eles utilizam estratégias de aprendizagem sofisticadas que aplicam enquanto revisam o texto, reorganizando e revendo as regras de pontuação, gramática e ortografia, entre outras estratégias. Estudos mostram que, quando o professor solicita aos alunos que revisem um texto, eles normalmente escrevem mais; porém, sem fazer o que foi solicitado (revisar) (SCARDAMALIA & BEREITER, 1985, apud PRESSLEY et al., 1995). Essa falha em não revisar adequadamente um texto pode estar ligada à falta de clareza, por parte do aluno, do que significa revisar (PRESSLEY et al., 1995; SIMÃO et al., 2016). O Quadro 6 contém informações que podem auxiliar o aluno nos passos de uma boa revisão.

Quadro 6 Passos para fazer uma boa revisão

REVER
Reler o que está escrito com atenção, perguntando para si mesmo se:
• Está claro?
• Posso colocar mais algumas ideias? (Adicionar.)
• Posso retirar algo?
• Posso substituir algo?
• Existem erros? (Se sim, corrigi-los.)
• Posso fazer mais alguma modificação? (Se sim, fazer mudanças.)
• Fazer mudanças finais.

A *revisão* possui vários caminhos. Os alunos podem primeiramente considerar um texto tendo por base o desenvolvimento da ideia dentro da solicitação feita pelo professor (narrar um fato, descrever uma ideia, argumentar, defendendo um ponto de vista). Outro procedimento de revisão seria o aluno focar nos possíveis erros de português presentes no texto. Além disso, a revisão de um texto pode ser realizada sob o ponto de vista do leitor em potencial.

O professor pode também propor revisões detalhadas de partes específicas da produção textual do aluno. Nesse sentido, o estudante pode fazer a revisão só dos aspectos gramaticais, da introdução ou do desfecho proposto pelo aluno no texto, entre outras possibilidades (SITKO, 1998). Por fim, o professor pode auxiliar o aluno a decidir entre rever e/ou reescrever um texto já escrito. O Quadro 7 pode ajudar os alunos a decidirem sobre revisar ou reescrever o texto.

Quadro 7 Passos para decidir entre revisar ou reescrever

DECIDIR ENTRE REVISAR E /OU REESCREVER

Reescrever se:

- O texto não estiver bem escrito.
- O texto não possuir muitos problemas, sendo mais fácil reescrever do que revisar.
- O propósito do texto não está claro, sendo mais fácil extrair as ideias e escrever um novo texto.
- Avaliar que gastará mais tempo revisando do que reescrevendo.

Revisar se:

- O texto estiver bem escrito.
- Descobrir os erros for fácil.
- Objetivo do texto não está claro, sendo difícil extrair uma ideia.
- Reescrever não é necessário.
- Verificar se é mais fácil revisar do que reescrever.

Sugestões gerais para professores, educadores e psicopedagogos

Uma primeira sugestão para promover o desejo natural de escrever nas crianças seria incentivar a escrita das próprias experiências, histórias e ideias (CALKINS, 1989), bem como estimular que a escrita ocorra em contextos significativos. Garantir contextos significativos para a tarefa de escrita significa promovê-la a partir de uma necessidade real vivenciada pelo aluno (ou grupo de alunos) ou por seu grupo social mais amplo (grupo de professores, associação de bairro). Um exemplo seria escrever um memorando pleiteando junto aos vereadores da cidade a tomada de providências quanto a problemas no asfalto ou para melhorar a qualidade da merenda escolar (PEREZ & GARCIA 2001).

É essencial que se propiciem situações para que o aluno construa representações positivas sobre a escrita. Igualmente importante é fortalecer, junto aos alunos, crenças positivas a respeito de si mesmo como escritor, de acreditar que se é capaz. Em relação aos propósitos da escrita pode-se em sala de aula com os alunos, em pequenos grupos, auxiliar aqueles que possuem mais dificuldade em produzir textos, levantando questões, explicações, sugestões do que escrever, utilizando questões para generalizar ideias, as quais podem ser posteriormente expandidas no texto.

Além disso, a interação social em sala de aula pode auxiliar no desenvolvimento dos processos de competência ligados ao processo de produção de textos. Produzir textos em pares ou em pequenos grupos cooperativos se constitui em uma ferramenta eficaz na conscientização das decisões a serem tomadas pelos alunos. Nesse sentido, a troca de ideias e discussão entre os alunos provocam um conflito cognitivo que fortalece a troca, a verificação, o conhecimento e o uso de estratégias mais eficientes para a produção de textos (LEAL & LUZ, 2001). Grupos cooperativos são uma ótima opção para o aluno praticar, discutir e explicar seu processo de pensamento, flexibilizando o uso das estratégias de aprendizagem associadas à escrita. Estudos realizados revelam que a combinação do ensino de estratégias de aprendizagem com a interação colaborativa com os colegas (discussão) aumenta a chance de os estudantes produzirem textos de melhor qualidade, pois dão a eles a oportunidade de terem uma audiência autêntica para sua escrita (MacARTHUR; GRAHAM & SCHWARTZ, 1993; STEIN; DIXON & ISAACSON, 1994). Publicar os textos produzidos em sala de aula, no jornal da escola ou em uma exposição, são exemplos importantes de produção orientados a uma audiência real (JOLIBET, 1994).

Outra recomendação seria fazer a revisão do texto produzido pelos alunos em pares. A revisão pode variar desde partes específicas do texto produzido, como a introdução, a conclusão até verificações específicas como pontuação e gramática (GALBRAITH & RIJLAARSDAM, 1999). Escrever narrativas com os colegas a respeito de suas experiências pessoais, sobre a história do bairro, da escola e/ou moradores mais antigos, no jornal da escola, nas aulas de estudos sociais e/ou ciências são práticas que podem ser estruturadas em tarefas de aprendizagem cooperativa e compartilhadas com a classe por meio de cartas escritas para alunos de outras turmas, podendo variar bairros, cidades e localização (escolas rurais e urbanas) desenvolvendo projetos em comum (MacARTHUR et al., 1993).

Alunos com dificuldades necessitam de um ensino mais estruturado, extensivo e com instruções mais explícitas do que aqueles que não apresentam esses problemas. Uma forma de auxiliar estes alunos é promover a aprendizagem colaborativa entre professor e alunos visando incrementar a autorregulação da aprendizagem (BORUCHOVITCH, 2014; MALPIQUE et al., 2017). Ao escreverem um texto narrativo os alunos devem ser orientados no sentido de desenvolverem um diálogo interno, a fim de direcionarem e avaliarem o uso das estratégias, bem como a manterem comportamentos desejáveis durante a realização das tarefas. Ao redigir uma dissertação, o estudante deve ser incentivado a verbalizar autoafirmações positivas, tais como "Vou conseguir", "Sou capaz", bem como a autoavaliar sua resposta nas tarefas solicitadas. Estes procedimentos podem ser usados em classes de ensino regular, com alunos que possuem habilidades médias ou acima da média em escrita. Nesse sentido, é fundamental fazer modificações para adaptar o ensino de estratégias ao grau de escrita do grupo, ao ano escolar, à idade, à linguagem e ao estilo cognitivo dos alunos, dentre outras.

Um passo importante no ensino de estratégias é a sua generalização, seu uso em contextos educacionais diversos. Quais os ambientes e tarefas que também podem usar as estratégias e os resultados que podem ser alcançados devem ser discutidos com o estudante. Nesse sentido, amplia-se, então, a noção do uso. Pode-se solicitar que outros professores e pais comentem o sucesso dos alunos ao usarem estratégias. É fundamental instruir outros educadores para que também promovam o uso das estratégias em suas aulas. Pode-se avaliar a qualidade dos textos utilizando uma escala de avaliação, variando de um a sete pontos, com um significando baixa e sete representando alta qualidade. Avaliações da qualidade do texto variando como baixa, média e alta qualidade podem ser usadas como guias para classificar o desempenho dos estudantes durante o ensino de estratégias de aprendizagem.

Vale ressaltar que professores, educadores e psicopedagogos devem auxiliar alunos em trabalhos individuais ou em grupo, orientar sobre o uso de estratégias de aprendizagem, habilidades básicas e conhecimentos gerais sobre a escrita e coordenar discussões no grupo sobre os textos escritos. Esses profissionais também podem suscitar questões, explicações, sugestões e modelar as estratégias, fazendo com que haja uma internalização gradual dos princípios e elementos inerentes a uma boa escrita, desenvolvida, em parte, pela interação social. Podem ainda aplicar o modelo de autorregulação na produção de textos em classes de ensino regular, em grupos de alunos com desempenho similar em produção de textos, utilizando esse modelo em sala de aula com pequenos grupos (MacARTHUR et al., 1993; MALPIQUE et al., 2017).

Por fim, dada a importância da escrita no contexto intra e extraescolar, o reconhecimento de que os alunos não a dominam como deveriam e a constatação de que a sala de aula possui os requisitos necessários para promover a autorregulação da escrita defende-se a necessidade da presença desses conteúdos nos currículos dos cursos de formação de professores (BORUCHOVITCH et al., 2005; COSTA & BORUCHOVITCH, 2015; RIOS, 2005).

Referências

BOEKARTS, M. (1996). "Self-regulated at the junction of cognition and motivation". In: *European Psychologist*, 1 (2), p. 100-112.

BORUCHOVITCH, E. (2014). "Autorregulação da aprendizagem: contribuições da psicologia educacional para a formação de professores". In: *Psicologia Escolar e Educacional*, 18 (3), p. 401-409.

BORUCHOVITCH, E.; COSTA, E.R. & NEVES, E.R.C. (2005). Estratégias de aprendizagem: contribuições para a formação de professores nos cursos superiores. In: JOLY, M.C.; SANTOS, A.A.A. & SISTO, F.F. (orgs.). *Questões do cotidiano universitário*. São Paulo: Casa do Psicólogo, p. 239-260.

CALKINS, L.M. (2002). *A arte de ensinar a escrever"*– O desenvolvimento do discurso escrito. 2. ed. Porto Alegre: Artes Médicas.

COSTA, E.R. & BORUCHOVITCH, E. (2015). "O ensino de estratégias de aprendizagem no contexto da escrita". In: *Psicologia da Educação*, 41, p. 21-35 [Disponível em https://dx.doi.org/10.5935/2175-3520.20150012].

_____ (2010). As Estratégias de Aprendizagem de Alunos Repetentes do Ensino Fundamental. *Psicologia em Pesquisa*, 4 (1), p. 31-39 [Disponível em http://pepsic.bvsalud.org/scielo.php?script=sci_arttext&pid=S1982-12472010000100005&lng=pt&tlng=pt – acesso em 12/05/2018].

DEMBO, M. (2000). *Motivation and learning strategies for college success*. Nova Jersey: Lawrence Erbaum.

_____ (1994). *Applying educational psychlogy*. Nova York: Longman.

FLAVELL, J.H. (1979). "Metacognition and Cognitive monitoring: A new area of cognitive developmental inquiry". In: *American Psychologist*, 34 (10), p. 906- 911.

GALBRAITH, D. & RIJLAARSDAM, G. (1999). "Effective strategies for teaching and learning of writing". In: *Learning and Instruction*. 9 (2), p. 93-108.

GRAHAM, S.; HARRIS, K.R. & MacARTHUR, C.A. (1993). "Improving the writing of students with learning problems: Self-regulated strategy development". In: *School Psychology Review*, 22 (4), p. 656-670.

HATTIE, J.; BIGGS, J. & PURDIE, N. (1996). "Effects of learning skill interventions on students learning: a meta-analysis". In: *Review of Educational Research*, 66 (2), p. 99-136 [Disponível em https://doi.org/10.3102/00346543066002099].

JOLIBERT, J. (1994). *Formando crianças produtoras de textos*. Porto Alegre: Artes Médicas.

LEAL, T. & LUZ, P. (2001). "Produção de textos narrativos em pares: reflexões sobre o processo de interação". In: *Educação e Pesquisa*, 27 (1), p. 27-45.

MacARTHUR, C.; GRAHAM, S. & SCHWARTZ, S. (1993). "Integrating strategy instruction and word processing into a process approach to writing instruction". *School Psychology Review*, 22 (4), p. 671-681.

MALPIQUE, A.; VEIGA SIMÃO, A. & FRISON, L. (2017). "Self-Regulated Strategies for School Writing Tasks: A Cross-Cultural Report". *Psychology of Language and Communication*, 21 (1), p. 244-265.

PÉREZ, F.C. & GARCIA, J.R. (2001). *Ensinar ou aprender a ler e a escrever?* – Aspectos teóricos do processo de construção significativa, funcional e compartilhada do código escrito. Porto Alegre: Artmed.

PRATA, M.; FESTAS, I.; OLIVEIRA, A.; FERREIRA, S. & DAMIÃO, H. (2015). "Ensino de estratégias de escrita para a composição do texto argumentativo". In: *Revista de Estudios e Investigación em Psicologia y Edución*, 0 (01), p. 164-168.

PRESSLEY, M.; WOLOSHYN, V.; BURKELL, J.; CARIGLIA-BULL, T.; LYSNCHUNK, L.; McGOLDRICK, J.A.; SCHNEIDER, B.; SNYDER, B.L. & SYMONS, S. (1995). *Cognitive strategy instruction that really improves children's academic performance*. 2. ed. Cambridge, Mass.: Brookline.

RIOS, E.R.C. (2005). *A intervenção por meio da instrução em estratégias de aprendizagem*: contribuições para a produção de textos. Campinas: Unicamp [Tese de doutorado].

SILVA, A.L. & SÁ, L. (1997). *Saber estudar e estudar para saber*. 2. ed. Porto: Porto Ed.

SIMÃO, A.; CHAMBEL, C.; MALPIQUE, A. & FRISON, L. (2016). "Composição escrita do texto argumentativo – Conhecimento metacognitivo e dificuldades na escrita de alunos do nono ano". In: *Hispania*, 99 (3), p. 372-391 [Disponível em http://www.jstor.org/stable/44112890].

SITKO, B.M. (1998). Knowing how to write: Metacognition and writing instruction. In: HACKER, D.J.; DUNLOSKY, J. & GRAESSER, A.C. (eds.). *Metacognition in educational theory and practice*. Hillsdale, NJ: Erlbaum.

STEIN, M.; DIXON, R. & ISAACSON, S. (1994). "Effective writing instruction for diverse learners". In: *School Psychology Review*, 23 (3), p. 392-405.

ZIMMERMAN, B.J. (2008). "Investigating self-regulation and motivation: Historical background, methodological developments, and future prospects". In: *American Educational Research Journal*, 45 (1), p. 166- 183.

_____ (1986). "Becoming a self-regulated learner: Which are the key subprocesses?" In: *Contemporary Educational Psychology*, 11 (4), p. 307-313.

4
Como promover a autorregulação emocional de crianças e adolescentes no contexto educacional

Miriam Cruvinel
Evely Boruchovitch

Um garoto de 9 anos, estudando no 4º ano do Ensino Fundamental, apresentou um comportamento de muita raiva diante de um colega em sala de aula. O menino, com nome fictício de Maurício, jogou seu estojo de lápis no rosto de um colega, enquanto gritava e dizia palavrões. Em seguida, Maurício jogou o estojo no chão e sapateou sobre ele, com uma expressão de raiva no rosto.

Carla, de 13 anos, demonstra alguns sinais típicos de ansiedade. Sente-se muito sobrecarregada com as atividades escolares e extraescolares. Diz que antes de chegar à escola sente falta de ar, dor de barriga, suor e muita vontade de chorar. Durante as aulas, em alguns momentos, quando percebe que pode perder o controle, sai correndo para o banheiro e fica ali chorando, até se acalmar.

Milena, de 14 anos, observadora, aparentemente uma adolescente calma e tranquila, revela que apesar de se mostrar bem tranquila, sente-se sufocada em algumas situações no colégio, especialmente quando um amigo a rejeita, ou quando o colega que fica ao seu lado na sala de aula lhe diz algo humilhante e agressivo. Na escola, sem conseguir mostrar seu descontentamento, Milena guarda esses acontecimentos para ela e não compartilha com ninguém. Quando chega em casa, sempre conversa com os pais e pede-lhes ajuda. No diálogo com os pais acaba pensando que a situação não foi tão ruim como imaginava anteriormente e que, na escola, alguns colegas gostam dela e outros não.

Esses são recortes de alguns relatos que frequentemente os pais e profissionais da saúde mental e educação presenciam em seu dia a dia. São três casos, de ambos os sexos, que se encontram em fases diferentes do desenvolvimento físico e psicológico, porém todos os três têm em comum a presença de algum tipo de conflito emocional. Nota-se que, embora cada criança e adolescente tenha suas características e particularidades, nas três situações há uma emoção que, de forma geral, provoca uma ação ou tem uma consequência. No primeiro exemplo, a *raiva* conduz o menino a um comportamento desadaptativo de explosão e manifestação dessa emoção. Na segunda história, Carla sofre com os sinais de *ansiedade*, e essa emoção faz com que a menina saia da situação como uma maneira de se livrar do sentimento ruim. Já no terceiro exemplo, a adolescente sente *tristeza* e se retrai inicialmente na escola, mas depois busca apoio social em casa.

Diariamente, crianças e adolescentes se deparam com inúmeras situações adversas, em especial no contexto escolar, semelhantes às mencionadas anteriormente, e consequentemente experimentam diversas emoções. Todos nós temos emoções e reagimos a elas, tanto de forma positiva quanto negativa. Ter diferentes emoções faz parte da natureza humana e é esperado que as pessoas sintam raiva, tristeza, ansiedade e medo, entre outras. Entretanto, o que mais importa é como essas pessoas lidam ou regulam suas emoções (LEAHY; TIRCH & NAPOLITANO, 2013). Será que conseguem perceber e monitorar quando essas emoções surgem? Quais comportamentos "conscientes" empregam para aliviar o sofrimento? Será que as estratégias usadas para diminuir a intensidade desses sentimentos são adaptativas ou não? Será que os adultos sabem como lidar com essas situações? Assim, este capítulo pretende discutir o tema regulação emocional entre crianças e adolescentes no contexto escolar, com base na psicologia cognitiva baseada na Teoria do Processamento da Informação. O conceito de *regulação emocional* será inicialmente apresentado. Ênfase será dada aos tipos de estratégias que podem ser empregadas por crianças e adolescentes. Finalmente, será feita uma reflexão acerca da importância do desenvolvimento das habilidades emocionais e mais especificamente da regulação emocional no ambiente escolar, na tentativa de integrar as descobertas da pesquisa científica com a prática.

O que é regulação emocional?

Definir emoção não é uma tarefa simples, pois se trata de um conceito complexo e abrangente. No sentido amplo, as emoções são reações subjetivas de uma pessoa a um determinado evento, que pode estar relacionado a um estímulo interno ou externo, envolvendo mudanças fisiológicas, cognitivas e comportamentais (SROUFE, 1996).

Os estudos relacionados às emoções ganharam destaque no século XX. Alzina (2000) descreve que esse interesse acentuado pelas emoções e temas correlacionados como a regulação emocional se deu em função do aumento no número de estudos sobre as emoções e aqueles que tentavam relacionar emoção e neurociência, bem como com a publicação da obra de Daniel Goleman, em 1995 *Inteligência emocional – A teoria revolucionária que redefine o que é ser inteligente.*

Associado ao conceito de emoção vem a regulação emocional, um termo usado para definir os processos envolvidos na forma de administrar as diferentes emoções, positivas e negativas (KOPP, 1989). Outros autores como Lazarus e Folkman (1984) usam o termo *coping* ou "estratégias de *coping*" quando se referem à regulação emocional e a definem como mudanças cognitivas e comportamentais conscientes empregadas pelas pessoas para lidar com situações estressantes. Nessa linha, há uma distinção entre o *coping* focado no problema (visa uma mudança na situação-problema) e *coping* focado na emoção (visa uma mudança na experiência emocional).

Pessoas que vivem constantemente eventos adversos e estressantes tendem a experimentar mais emoções negativas, e se administram esses sentimentos de forma pouco eficiente, usando estratégias não eficazes, podem apresentar dificuldades secundárias, como desenvolvimento de psicopatologias, entre elas a depressão e a ansiedade. Na realidade, quando as diferentes emoções surgem, maneiras disfuncionais de lidar com elas ainda podem ocasionar o aparecimento de outros comportamentos problemáticos. Uma "desregulação emocional" está associada ao uso de estratégias inadequadas que incluem ruminação, isolamento ou inatividade, esquiva, uso de substâncias psicoativas, compulsão alimentar, automutilação e até mesmo suicídio. De uma maneira geral, regulação emocional pode incluir qualquer tipo de estratégia de enfrentamento, podendo ser adaptativa ou não (LEAHY et al., 2013).

Investigações evidenciam que há algumas particularidades que podem contribuir para o uso de diferentes tipos de estratégias de regulação emocional. Nota-se que as estratégias podem mudar, dependendo do contexto e das pessoas envolvidas no conflito, da idade do indivíduo, do sexo e das características culturais, entre outros fatores (DELL'AGLIO & HUTZ, 2002; LISBOA et al., 2002). Em linhas gerais, no que concerne ao contexto e pessoas envolvidas, Dell'Aglio e Hutz (2002) observaram que as crianças agem de forma diferente se o conflito for com os amigos ou com algum adulto. Se o conflito acontece com um amigo, a estratégia mais comum será a busca por um apoio social ou uma ação agressiva diante do colega. Todavia, se o problema for com um adulto, a estratégia será de evitação ou de aceitação. Há também uma diferença entre meninos e meninas. Os meninos tendem a empregar estratégias de agressão física diante de conflito com os pares, enquanto que as meninas usam mais a agressão verbal. Já quando enfrentam problemas com o professor, as meninas costumam adotar mais a inação, ou seja, são mais propensas a não fazer nada (LISBOA et al., 2002).

A literatura mostra também que as estratégias de regulação emocional melhoram com a idade e podem ser distintas, dependendo do contexto cultural em que a criança vive. Com o avançar do desenvolvimento, estratégias mais sofisticadas, como, por exemplo, as cognitivas, são as mais utilizadas (CASSETTE & GAUDREAU, 1996; DIAS; VIKAN & GRAVAS, 2000; VIKAN & DIAS, 1996; BRAVO, 2013).

A compreensão dos processos de autorregulação emocional é essencial na área da saúde mental, uma vez que há evidências de que dificuldades na regulação das emoções estão correlacionadas a diversas psicopatologias e transtornos mentais descritos no DSM-V (COUTINHO; RIBEIRO; FERREIRINHA & DIAS, 2010; SANTOS & GUEDES, 2016). Há muitos indícios de que as pessoas que são competentes emocionalmente, que conhecem e lidam bem com seus próprios sentimentos e com os dos outros, têm diversos benefícios. Futuramente, tornam-se aqueles indivíduos que têm mais sucesso em seus relacionamentos profissionais e conjugais, que se sentem mais satisfeitos e eficientes em suas vidas e que são mais produtivos em diversas situações (GOLEMAN, 1995). Considerando seus benefícios e procurando compreender melhor o processo de regulação emocional, o fluxo de regulação emocional será descrito a seguir.

Como ocorre o fluxo de regulação emocional?

A emoção é um processo composto por vários componentes ou subpartes que operam em conjunto. Embora existam divergências a respeito dessas subpartes, as diferentes correntes teóricas concordam que, aproximadamente, cinco componentes estão presentes nas emoções. Dessa forma, a emoção se inicia com os acontecimentos precipitadores, que são capazes de gerar diferentes emoções. O que vai caracterizar um evento como sendo precipitador é a avaliação do indivíduo diante da situação. Após a avaliação, o próximo componente são as alterações fisiológicas peculiares a cada tipo de emoção. A expressão da emoção se constitui no quarto componente. Finalmente, o quinto e último componente é a regulação da emoção. A regulação pode se iniciar na avaliação do evento precipitador, e de acordo com a interpretação feita, o indivíduo pode mudar sua emoção e controlar suas respostas fisiológicas e seu comportamento (PLANALP, 1999).

Para compreender melhor o fluxo da *regulação emocional* é importante um exercício autorreflexivo, no sentido de se ter uma postura mais ativa e crítica diante das próprias emoções, tornando-se, assim, mais consciente desse percurso. Para ter mais consciência desses processos emocionais sugere-se a prática do seguinte exercício:

Pense em uma situação recente que tenha lhe causado alguma emoção negativa. Tente descrever essa situação (Como aconteceu? Quando? Quem estava com você? Onde ocorreu?). Em seguida, identifique sua emoção (O que você sentiu naquele instante? Apresentou mudanças em seu corpo, na sua postura?). Após descrever suas emoções, procure observar quais foram os pensamentos que lhe vieram à mente e, por último, qual foi seu comportamento (O que você fez?).

Agora, imagine o seguinte exemplo: Um menino, Rafael, estava em sua casa, fazendo o dever de casa. Isso aconteceu logo após o almoço, quando já estava sozinho em sua casa e em seu quarto. Sentiu desconforto, tédio e muita vontade de parar de fazer a tarefa e ir brincar. Começou a ter pensamentos como: "Estou cansado". "Como é chato fazer isso." "Não sei fazer." "Não está ficando bom." "Sou um idiota mesmo." Rafael decidiu deixar a tarefa para mais tarde e foi ver TV.

Pensando sobre o fluxo de *regulação emocional*, nesse exemplo houve um *evento precipitador*, uma avaliação individual, uma emoção e um comportamento. O *evento precipitador* foi "fazer o dever de casa". Essa situação provocou em Rafael uma série de pensamentos e cognições como: "Estou cansado" "Como é chato fazer isso". "Não sei fazer". "Não está ficando bom". "Sou um idiota mesmo". Por sua vez, esses pensamentos conduziram a uma *emoção negativa*. No caso, o sentimento proeminente foi o *tédio* e *tristeza*, seguida de uma *reação comportamental*. O comportamento de Rafael foi deixar os estudos e fazer outra atividade, mais prazerosa para ele naquele momento. O fluxo pode ser melhor visualizado na Figura 1.

Figura 1 Fluxo da regulação emocional – Caso Rafael

Tomando por base a perspectiva da Psicologia Cognitiva baseada na Teoria do Processamento da Informação, Boruchovitch (2004) cita o modelo de Garber et al. (1991) para explicar o desenvolvimento da autorregulação afetiva, na qual sugere algumas etapas para um controle eficiente das emoções. A *etapa inicial* da autorregulação consiste na percepção do aparecimento da emoção e da necessidade ou não de controlá-la. A *segunda etapa* é a identificação da causa da emoção e do evento precipitador. Na *terceira etapa* há um engajamento do indivíduo no levantamento das possíveis metas e decisão sobre o que deve ser feito. Gerar respostas para alcançar a meta caracteriza a *quarta etapa*. A *quinta e última etapa* é a avaliação dos resultados.

Assim sendo, para empregar eficientemente as estratégias de regulação emocional, a criança ou adolescente precisa, mesmo que de forma ainda rudimentar e superficial, apresentar algumas habilidades, como percepção da emoção; identificação das causas e motivos da emoção; estabelecimento de metas; levantamento de estratégias de resolução de problemas e análise dos resultados.

No quadro a seguir há uma breve descrição das habilidades de cada etapa, com algumas sugestões de questões que o próprio indivíduo pode fazer consigo mesmo, como um diálogo interno. O autoquestionamento foi elaborado a partir da situação-problema do garoto Rafael.

Quadro 1 Descrição das etapas e habilidades para regulação emocional – Caso Rafael

	Etapas	Habilidade	Autoquestionamento
1	Percepção da emoção.	A criança deve ser sensível e capaz de identificar que algo está acontecendo com ela e tomar consciência das sensações e sinais físicos, tornando possível nomear a emoção presente naquele momento.	• O que eu estou sentindo agora? • Devo fazer alguma coisa para me sentir melhor? • Houve uma mudança em meu corpo e em minha postura?

Etapas		Habilidade	Autoquestionamento
2	Identificação das causas e motivos da emoção.	A criança investiga os prováveis fatores que contribuíram para que se sentisse de determinada maneira.	• O que houve? • Porque me senti dessa maneira? • O que pensei sobre essa situação? Qual interpretação que fiz dessa situação especificamente?
3	Estabelecer metas e objetivos.	A criança define suas metas em relação a situação-problema.	• A tarefa está chata mesmo. Mas qual é meu objetivo em relação a ela? • Minha meta é entregar a tarefa pronta amanhã? • Se minha meta é entregar, então o que preciso fazer para alcançar meu objetivo?
4	Resolução de problemas.	Levantar algumas possibilidades para solucionar o problema é o objetivo desta fase.	• O que posso fazer para resolver esse problema? • Faço a tarefa agora e depois vou brincar? • Faço a tarefa mais tarde e agora descanso um pouco? • Começo a tarefa por um exercício "mais legal"? • Como me sentir mais motivado?
5	Analisar o resultado da estratégia escolhida.	Esta etapa consiste em escolher a melhor solução para seu problema e colocar em prática para em seguida avaliar os resultados.	• A estratégia que escolhi funcionou bem, resolveu o problema?

Na última etapa, como apresentado no Quadro 1, os resultados são avaliados. Se a estratégia funcionou bem, a situação-problema foi resolvida, ou seja, a tristeza e o tédio foram neutralizados e o garoto conseguiu concluir seu dever de casa. Caso não tenha funcionado, o menino deve retornar para o item anterior e reavaliar as alternativas de solução (etapa 4). Mediante esse exercício de auto-observação e de autoquestionamento é possível ter consciência de suas emoções negativas, de suas causas e consequências, além de contribuir para a busca de prováveis soluções ao conflito. Goleman (1995) enfatiza que a auto-observação e reflexão são processos essenciais que levam a uma autoconsciência das emoções, o que por sua vez consiste no primeiro passo para o autocontrole e desenvolvimento da regulação emocional.

Nota-se ainda que, no exemplo citado, há um destaque aos processos metacognitivos e na integração entre os aspectos afetivos, motivacionais e cognitivos envolvidos na tarefa. Entende-se por metacognição a capacidade de uma pessoa ser autorreflexiva, de pensar sobre os próprios pensamentos, sentimentos e ações (FLAVELL, 1979). Observa-se que Rafael mostrou-se um aluno metacognitivo. Teve um papel ativo na sua aprendizagem. Foi capaz de perceber, monitorar e controlar seus processos cognitivos, afetivos e motivacionais. Assim, ser metacognitivo é estar consciente de suas cognições e sentimentos, sendo capaz de perceber e monitorar sua motivação e suas emoções.

Cabe mencionar que, embora a capacidade para realizar o autoquestionamento e a autorreflexão aumente com o avançar da idade e do ano escolar (ERTMER & NEWBY, 1996; MILLER, 1993), as questões propostas podem ser trabalhadas em sala de aula pelo professor, com devidas adaptações para crianças menores, de forma que essas habilidades de refletir sobre os próprios sentimentos e emoções possam ser fomentadas, desde cedo, durante a escolarização.

Tipos de estratégias de regulação emocional

A fim de descrever algumas estratégias de regulação emocional frequentemente usadas por crianças e adolescentes, será apresentado o resultado de um estudo desenvolvido pelas autoras em uma escola pública de Campinas. Nessa pesquisa foi encontrada uma diversidade de estratégias de regulação emocional empregadas por crianças com idade entre 8 e 11 anos. A amostra foi composta por 54 alunos de ambos os sexos e do 3º e 4º anos do Ensino Fundamental.

Nesse caso, para a investigação das estratégias de regulação emocional utilizou-se a entrevista com pranchas para avaliação da regulação emocional de alunos do Ensino Fundamental (Epre) (CRUVINEL & BORUCHOVITCH, 2004). O instrumento é formado por 24 questões agrupadas em quatro emoções: tristeza, raiva, medo e alegria, com a finalidade de investigar a percepção, o monitoramento das emoções e as estratégias de regulação emocional empregadas por crianças brasileiras do Ensino Fundamental. Cada uma das quatro emoções é avaliada por seis questões, totalizando as 24 perguntas, elaboradas a partir da literatura na área e à luz da psicologia cognitiva baseada na Teoria do Processamento da Informação. O leitor poderá obter maiores informações a respeito dessa entrevista em Cruvinel (2009) e Cruvinel e Boruchovitch (2010).

Para esses participantes, a entrevista foi conduzida individualmente na própria escola. As perguntas foram lidas para as crianças e as respostas anotadas na íntegra. As respostas às questões abertas do instrumento foram examinadas mediante os procedimentos de análise de conteúdo (BARDIN, 1991). Foi realizada uma descrição detalhada das categorias encontradas em cada questão da entrevista (CRUVINEL, 2009).

Na entrevista, para investigar o tipo de estratégias de regulação emocional, foram feitas as perguntas:

- "O que você costuma fazer para melhorar sua tristeza?"
- "O que você costuma fazer para melhorar sua raiva?"
- "O que você costuma fazer para melhorar seu medo?"

Avaliando o conteúdo das respostas das crianças a essas três questões encontrou-se sete grupos gerais de estratégias de regulação emocional que serão descritos a seguir:

1) Controle do comportamento: é uma estratégia que envolve um esforço no sentido de provocar uma mudança no comportamento afim de modificar o impacto emocional (GROSS, 2008).

Exemplos de estratégias: parar de chorar, ficar quieto, ir para outro lugar, enxugar as lágrimas, respirar fundo, acalmar, dormir, tomar água e nadar.

2) Atividades prazerosas e agradáveis: é uma estratégia que consiste em focar a atenção em uma tarefa prazerosa que traga satisfação à pessoa, visando melhorar um sentimento negativo.

Exemplos de estratégias: brincar com o primo, com o cachorro, brincar de boneca, andar de bicicleta, divertir-se, animar-se, assistir TV, ouvir música, passear, fazer coisas engraçadas, fazer coisas que gosta.

3) Distração: é uma estratégia de focalização da atenção, na qual a intenção é direcionar a atenção para dimensões não emocionais (GROSS, 2008). Inclui respostas em que a criança procura se ocupar com alguma outra coisa, visando afastar um sentimento negativo.

Exemplos de estratégias: distrair-se, fazer outras coisas, fazer lição de casa, fazer alguma coisa, ler, ocupar-se com outras coisas.

4) Suporte afetivo-social: é uma estratégia que consiste em buscar o apoio de outra pessoa, ficar próximo de alguém como maneira de afastar um sentimento negativo.

Exemplos de estratégias: desabafar com os amigos, conversar, pedir abraço, ficar perto de alguém, ficar com pessoas alegres.

5) Controle do pensamento: é uma estratégia em que há um esforço em parar ou modificar um pensamento para afastar a emoção negativa. Refere-se também à estratégia conhecida como reavaliação cognitiva, na qual há um engajamento na alteração do significado do conflito ou da situação, de forma a neutralizar o seu impacto emocional (GROSS & THOMPSON, 2007).

Exemplos de estratégias: pensar em coisas boas, pensar que não vai adiantar ficar triste, esquecer pensamento ruim, parar de ficar triste, animar-se, não ligar, pensar em outra coisa, não pensar, rezar.

6) Externalização da raiva: é uma estratégia que se caracteriza pela presença de respostas e comportamentos agressivos na tentativa de que o sentimento negativo seja reduzido.

Exemplos de estratégias: revidar, esmagar plantas, bater, gritar.

7) Resolução de problema: é uma estratégia em que há uma tentativa da criança em enfrentar um conflito, procurando promover a solução para a situação.

Exemplos de estratégias: resolver o problema, dar socos no travesseiro, pedir desculpas, não fazer mais o que causou a raiva.

Retomando as três situações descritas no início deste capítulo, pode-se constatar que, no caso do garoto Maurício, a estratégia utilizada por ele como uma maneira de lidar com sua raiva foi a de "externalização da raiva", avaliada pela literatura como uma estratégia pouco eficiente e, portanto, desadaptativa. Carla, por sua vez, usou o controle do comportamento, saiu da situação quando percebeu seu nervosismo e, assim, conseguiu aliviar sua ansiedade. Sair da situação para se acalmar pode ser uma estratégia eficiente nessa faixa etária, pois é uma maneira rápida de relaxar e recuperar o controle emocional. Milena, por sua vez, empregou duas estratégias para lidar com a sua tristeza. Inicialmente, a estratégia foi a busca de apoio ou suporte de um adulto; no caso, os pais. Em seguida, usou a reavaliação cognitiva ou o controle de pensamento, quando tentou pensar de uma maneira diferente diante da situação que ocorreu com os amigos na escola. Com um novo significado ao evento é possível que as cognições negativas que geram sentimentos de tristeza sejam substituídas por cognições mais positivas e funcionais, trazendo, por sua vez, uma sensação de alívio, bem--estar e tranquilidade.

É essencial enfatizar que, muito frequentemente, essas estratégias podem ser ensinadas às crianças (SILVA & FREIRE, 2014). Em programas que visam o desenvolvimento de habilidades emocionais há o aprimoramento de diversos tipos de estratégias, desde as mais simples como os exercícios de respiração, de relaxamento e de distração, até as mais complexas, como buscar a compreensão de possíveis motivos para determinada emoção ou uma reavaliação do significado de uma situação. O cenário atual é que há necessidade de que tais habilidades sejam desenvolvidas no cotidiano escolar, com a participação ativa e conjunta de alunos, professores, equipe pedagógica e família. Acredita-se que o aprimoramento dessas habilidades emocionais tem um potencial preventivo importante. Pode, pois, contribuir para que haja, no futuro, uma redução dos transtornos mentais, bem como um desenvolvimento mais pleno dos indivíduos.

A regulação emocional e o contexto escolar

Há algum tempo predominava na escola um ensino direcionado ao desenvolvimento de habilidades escolares e cognitivas em detrimento do desenvolvimento de habilidades emocionais. A ênfase estava no desempenho escolar e não compreendia aspectos sociais, morais, emocionais e interpessoais do aluno. A partir dos anos de 1990, com o que Alzina (2000) chamou de "revolução emocional" começou a existir, tanto na sociedade em geral como na psicologia e educação, a preocupação com o desenvolvimento emocional.

Mais recentemente as atenções se voltaram em como levar para as escolas programas de habilidades emocionais. Já existem alguns movimentos na educação no sentido de preparar o aluno não somente para o ensino de competências cognitivas e formais como matemática, português, ciências e história, mas também para uma educação mais integral, direcionada para os aspectos não cognitivos. Esses programas visam prepará-lo para uma vida pessoal e social mais positiva e promover o desenvolvimento integral do indivíduo (RAMOS, 2007). Nesse sentido, o desenvolvimento de habilidades emocionais na escola possui um caráter preventivo para os problemas de ordem psicológica, diminuindo a vulnerabilidade frente às situações adversas (ALZINA, 2003).

Conforme mencionado anteriormente, muitas situações vivenciadas pelas crianças e adolescentes geram diferentes emoções, positivas e negativas. Mudanças em seu dia a dia, excesso de atividades diárias, elevado nível de exigência da família e excesso de cobrança tanto da própria criança ou do adolescente como da família, da escola e da sociedade de maneira geral são fatores que muito contribuem para o despertar desses sentimentos. As transformações sociais associadas à exigência e à cobrança por parte desses sistemas trazem à tona inúmeros sentimentos, ora positivos, quando as expectativas são correspondidas, e ora negativos, quando não são. Sem dúvida, tais transformações potencializam a necessidade de se desenvolverem as habilidades para lidar com as emoções. Administrar essas emoções, em especial na infância e adolescência, não é uma tarefa fácil, principalmente pelo fato de que as habilidades de regulação emocional não são inatas. São competências que podem ser desenvolvidas e aperfeiçoadas durante toda a vida; seja na família, seja na escola (ABED, 2016; LINHARES & MARTINS, 2015; SILVA & FREIRE, 2014).

Na fase da infância e adolescência, sem dúvida, os pais são importantes fontes para o crescimento emocional de seus filhos, tendo um papel crucial na aprendizagem e no amadurecimento de estratégias afetivas. Além da família, os professores também podem e devem colaborar para o desenvolvimento de habilidades afetivas em seus alunos. O desenvolvimento de competências afetivas ainda é uma inovação no ambiente escolar que vem para atender a essas demandas sociais e que sua finalidade é contribuir para um maior bem-estar pessoal e social. A educação emocional, apesar de ser um processo de aprendizagem que ocorre durante toda a vida, quando desenvolvido na infância pode contribuir para minimizar os problemas comportamentais e psicossociais (ABED, 2016; COSTA & FARIA, 2013; ALZINA, 2003).

Na prática e no cotidiano da escola brasileira, algumas iniciativas no sentido de se desenvolver as habilidades emocionais e sociais de crianças e adolescentes dentro desse contexto já podem ser encontradas na literatura da área (ABED, 2016; SILVA & FREIRE, 2014). Entre elas podem ser citadas como exemplos: o Método Friends, o Projeto Cuca Legal, os Amigos do Zippy, o Gepem, o Projeto Ayrton Senna. Nesses programas de desenvolvimento emocional constata-se que os objetivos gerais podem ser resumidos em ajudar a criança a reconhecer em si e no outro as diferentes emoções e ser capaz de lidar com essas emoções de forma eficiente. A regulação emocional consiste em apenas uma etapa de tais propostas. Ramos (2007) enfatiza a necessidade de que os ensinamentos estejam diretamente relacionados ao cotidiano da criança, que as situações experienciadas por elas sejam discutidas, pois somente assim fará algum sentido para o aluno.

Em linhas gerais, os objetivos de uma prática voltada para educação emocional são: ter conhecimento das próprias emoções, desenvolver habilidades de autocontrole, tornar-se capaz de reconhecer as emoções no outro, prevenir efeitos desfavoráveis causados por emoções negativas, adquirir habilidades para ter emoções positivas, promover a automotivação e ter uma atitude mais positiva diante da vida (ALZINA, 2000). Quando bem-conduzidas, essas práticas trazem ótimos resultados para o aluno e para a escola. Na realidade, todos se beneficiam com iniciativas dessa natureza. Os alunos adquirem maior consciência de seus estados emocionais, maior capacidade para controlar as próprias emoções, tornam-se mais empáticos e mais habilidosos em seus relacionamentos. Os resultados também são sentidos na escola e dentro da sala de aula, pois há um decréscimo da violência, do *bullying* e da indisciplina. Percebe-se uma redução nos problemas de comportamento e uma melhora no rendimento acadêmico (GOLEMAN, 1995; BRAVO, 2012). Ressalta-se, entretanto, que para resultados mais positivos é necessária a participação da família e da escola como um todo, envolvendo não somente alunos e professores, mas também os gestores, a coordenação pedagógica e os funcionários da escola.

Desenvolver um aluno pleno, capaz de ter uma postura positiva diante da vida, é possivelmente um dos principais desafios das escolas deste século. Com esse novo cenário nota-se que mais do que desenvolver habilidades emocionais na escola há uma mudança de paradigma, na qual uma nova visão de aprendizagem e do papel da escola se faz presente. No Brasil, o desafio agora é disseminar essa proposta para que ganhe mais espaço dentro das escolas, atingindo cada vez mais um número maior de pessoas.

Para finalizar este capítulo, descrevem-se algumas ideias e sugestões práticas para a promoção da regulação emocional no contexto educativo, elaboradas a partir da descrição de exemplos de situações vivenciadas por alunos no contexto escolar. Acredita-se que possam ser aplicadas pelos pais e professores no sentido de ajudar as crianças na aprendizagem de novas habilidades emocionais, como percepção da emoção, o monitoramento e a escolha de uma estratégia eficiente. Os casos serão descritos sucintamente e uma ênfase maior será dada na forma como o adulto poderá trabalhar a situação em si, bem como no levantamento de possíveis ideias de estratégias de regulação emocional. As sugestões foram elaboradas a partir da literatura da área (DEL PRETTE & DEL PRETTE, 2005; GOTTEMAN, 1997; STALLARD, 2007).

Na prática, o que podemos fazer para estimular a regulação emocional?

Alguns exemplos serão citados para ilustrar como deve ocorrer um diálogo entre o adulto e uma criança na solução de problema. No entanto, as sugestões devem ser empregadas pelos adultos, criativamente, de forma flexível, considerando-se as características da criança e do contexto. É importante ter em mente que um relacionamento satisfatório e empático entre o facilitador e a criança contribuirá, sem dúvida, para a condução eficiente do diálogo entre eles e a resolução do conflito da melhor forma possível. Finalmente, em situações de conflito como as que se seguem, a separação do diálogo em etapas pode ser útil para estruturar e dirigir o diálogo.

CASO 1: JÚLIA[4]

Júlia, uma menina de 10 anos, insultou a colega de classe, tendo uma atitude desrespeitosa e agressiva. O(A) professor(a) tomou conhecimento desta situação e chamou Júlia para conversar.

Para compreender o acontecimento, o(a) professor(a) se guiou pelas cinco etapas descritas na sequência:

1ª etapa: inicialmente, o(a) professor(a) sentou-se defronte à aluna para iniciar a conversa e se concentrou no relato. Nesse momento o adulto deve dispor de tempo suficiente para o diálogo, ser acolhedor e receptivo, ouvir a criança com empatia, gentileza, evitando julgamentos, desaprovação e críticas.

2ª etapa: o(a) professor(a) pediu para a aluna descrever a situação com detalhes, perguntando: Como aconteceu? Onde? Quando? Por quê? Cabe ressaltar que os questionamentos devem ser feitos sem que pareça um interrogatório, pois somente assim a criança se sentirá à vontade para falar de seus sentimentos.

---

4. Os casos 1 e 2 são apenas para exemplificar. Os nomes Júlia e Fernando poderiam ser quaisquer outros.

3ª etapa: com a finalidade de auxiliar a criança no processo de auto-observação e possibilitar maior consciência emocional, o(a) professor(a) solicitou à aluna que descrevesse, se possível, as mudanças faciais, corporais e físicas no momento em que ocorreu a situação.

4ª etapa: sensível à situação da aluna, o(a) professor(a) ajudou a nomear a emoção, permitindo que a criança vivenciasse seus sentimentos. O profissional usou diversos nomes de emoções visando auxiliar a criança a identificar e explorar o que estava sentindo, assegurando-lhe que ela estivesse de alguma maneira ampliando seu repertório emocional.

5ª etapa: para sintetizar a situação, o(a) professor(a), durante todo o diálogo, fez resumos da situação e dos sentimentos de Júlia para garantir que houve uma boa compreensão do relato. O *feedback* do adulto serve para demonstrar o entendimento do relato da criança, bem como para falar de suas impressões.

Após ouvir a criança, identificar e nomear as emoções e compreender com detalhes a situação o(a) professor(a) passou, na sequência, para a segunda fase, que consiste na solução do conflito. O processo de solução de problema pode ser resumido em 4 passos, descritos a seguir:

Passos para resolução de conflito

1º passo: definição do problema – O(A) professor(a) e o aluno definem de forma bem clara e objetiva qual é o problema a ser resolvido. No caso de Júlia, o problema foi ter sido agressiva com uma colega.

2º passo: resolução do problema – Nesse momento a criança foi encorajada a encontrar o máximo de soluções possíveis para o problema. O(A) professor(a) iniciou com perguntas como:

- O que podemos fazer para resolver essa situação?
- Como você gostaria que fosse?

- O que podemos fazer para evitar que você tenha essa atitude em outros momentos, no futuro?
- O que podemos fazer para conter o impulso de insultar ou agredir?

3º passo: listar as estratégias de regulação emocional – A partir das respostas na resolução do problema foi possível fazer uma lista de alternativas de estratégias para administrar a situação-problema, bem como estratégias para regular as próprias emoções. No exemplo da aluna Júlia foram encontradas 10 estratégias:

- dar uma volta para esfriar a cabeça;
- contar até 10 para tentar se controlar;
- fazer um exercício de respiração;
- pedir ajuda ao professor;
- conversar com meus pensamentos;
- lembrar que não é correto agredir ou insultar outra pessoa;
- lembrar que é preciso respeitar o outro, mesmo quando não gosta dele;
- lembrar que agredir alguém pode ter algumas consequências;
- segurar a raiva;
- pedir desculpas.

4º passo: nesse momento o(a) professor(a) ajudou a aluna a avaliar as estratégias levantadas e escolher aquela que mais se adéqua à situação para colocar em prática quando for necessário.

CASO 2: FERNANDO

Fernando, 11 anos, estava brincando de figurinhas com um colega. Logo depois, no recreio, sem que o amigo notasse, Fernando foi até a mochila dele e pegou as figurinhas para si. Na hora ficou nervoso com a situação, e pensava: "Eu quero essas figurinhas para mim. Ele não vai perceber que fui eu".

As cinco etapas iniciais descritas no caso 1 podem ser aplicadas em qualquer outra situação, seja no ambiente familiar ou escolar. No exemplo 2, de Fernando, o(a) professor(a) chamou a criança e iniciou o diálogo. Com o resumo e o entendimento da situação pelo(a) professor(a), ambos iniciaram a busca pela solução do conflito.

Passos para resolução de conflito

1º passo: definição do problema – Pegar algo que não é meu sem que o outro veja.

2º passo: resolução do problema – O(A) professor(a) iniciou com perguntas como:

- O que podemos fazer para resolver essa situação?
- Como você gostaria que fosse?
- O que podemos fazer para evitar que você tenha essa atitude de pegar coisas de alguém em outros momentos, no futuro?
- O que podemos fazer para conter o impulso de pegar alguma coisa de outra pessoa?

3º passo: listar as estratégias de regulação emocional – Fernando e o(a) professor(a) encontraram as seguintes alternativas de estratégias para administrar a situação-problema.

- vantagens e desvantagens de pegar as figurinhas, sem que o colega percebesse;
- pensar nas consequências dessa atitude;
- afastar-se da situação para pensar;
- usar frases afirmativas como: "Pare". "Não vou fazer isso."

4º passo: o(a) professor(a) ajudou o aluno a avaliar as estratégias levantadas e escolher aquela que mais se adéqua à situação para colocar em prática quando for necessário.

Nesta última etapa é importante dizer que na escolha de uma ou mais alternativas de estratégias de regulação emocional o adulto juntamente com a criança planeja a ação, verificando e avaliando os prováveis obstáculos e suas respectivas soluções. Após o plano de ação e a estratégia de regulação terem sido colocados em prática, é necessário que ambos revisem o assunto, em outro momento, a fim de se investigar os resultados atingidos.

É essencial mencionar que existem maneiras alternativas para solução dos conflitos interpessoais que devem ser incorporadas pelo professor, tais como as intervenções coletivas, com enfoque na prevenção. Elas são ferramentas conduzidas dentro da sala de aula, envolvendo o professor e seus alunos. Como exemplos podem ser citados os debates, os exercícios de respiração, as técnicas de relaxamento, as assembleias de classe e as rodas de conversa, entre outros. Nessas estratégias, o objetivo é promover um espaço para o diálogo entre os alunos e o adulto, evitando situações de violência, agressão, indisciplina, *bullying* e, ao mesmo tempo, construir a democracia, a autonomia, a boa convivência entre os alunos (ARAÚJO, 2008).

Nota-se que para o sucesso no uso de tais ferramentas e para que o bom diálogo aconteça é fundamental que o adulto consiga se expressar bem e saiba ouvir a criança. Além disso, nos exemplos anteriormente apresentados, o professor deve enxergar o conflito da criança como uma oportunidade de aprendizagem, na qual o principal objetivo é promover o desenvolvimento de habilidades emocionais para que a criança possa usar as ferramentas, ora aprendidas, em acontecimentos futuros. Essa visão do conflito *como oportunidade de aprendizagem* possibilita que o adulto, que pode ser os pais ou um profissional, não se sinta ameaçado ou impotente diante do evento, mas sim como um mediador ou um facilitador.

Nos casos apresentados neste capítulo houve a intenção de mostrar como um adulto pode agir para facilitar a percepção das emoções, o monitoramento e o levantamento de possíveis alternativas de regulação emocional para a criança. É possível constatar que não é uma tarefa simples e fácil para o adulto, já que exige dele também maturidade para perceber seus próprios sentimentos e lidar com os conflitos. É possível que o despreparo de pais e professores na lida com essas situações faça com que adotem estratégias inadequadas de manejo de conflito, como ignorar tais situações, como se elas não tivessem acontecido.

Em resumo, pode se dizer que para a promoção da regulação emocional do aluno no contexto escolar, a capacidade do professor em conhecer e regular suas próprias emoções e conflitos torna-se um pré-requisito essencial para uma prática efetiva. Acresce-se a importância da boa relação entre o professor e o aluno, pautada no respeito, na confiança, e na valorização de novas experiências afetivas. Relação essa que deve ir muito além da ênfase no processo ensino-aprendizagem meramente centrado nos aspectos cognitivos do estudante e que o compreenda em sua totalidade biopsicossocial.

Referências

ABED, A.L.Z. (2016). "O desenvolvimento das habilidades socioemocionais como caminho para a aprendizagem e o sucesso escolar de alunos da educação básica". In: *Construção psicopedagógica*, 24 (25), p. 8-27.

ALZINA, R.B. (2003). "Educación emocional y competencias básicas para la vida". In: *Revista de Investigación Educativa*, vol. 21, n. 1, p. 7-43.

_____ (2000). *Educación y bienestar*. Barcelona: Práxis.

ARAÚJO, U. (2008). "Resolução de conflitos e assembleias escolares". In: *Cadernos de Educação*, vol. 31, p. 115-131.

BARDIN, L. (1991). *Análise de conteúdo*. Lisboa: Ed. 70.

BORUCHOVITCH, E. (2004). A autorregulação da aprendizagem e a escolarização inicial. In: BORUCHOVITCH, E. & BZUNECK, J.A. (orgs.). *Aprendizagem*: processos psicológicos e o contexto social na escola. Petrópolis: Vozes, p. 55-88.

BRAVO, A.M.S.D. (2013). *Regulação emocional em crianças com comportamentos escolares disruptivos*. Universidade Católica Portuguesa [Dissertação de mestrado].

CASSETTE, L. & GAUDREAU, M. (1996). "The Regulation of negative emotions in early infancy". In: *Congrés International de Psychologie*. Montréal.

COUTINHO, J.; RIBEIRO, E.; FERREIRINHA, R. & DIAS, P. (2010). "Versão portuguesa da escala de dificuldades de regulação emocional e sua relação com sintomas psicopatológicos". In: *Revista de Psiquiatria Clínica*, 37 (4), p. 145-151.

COSTA, A. & FARIA, L. (2013). "Aprendizagem social e emocional: reflexões sobre a teoria e a prática na escola portuguesa". In: *Análise Psicológica*, 31 (4), p. 407-424.

CRUVINEL, M. (2009). *Correlatos cognitivos e psicossociais de crianças com e sem sintomas depressivos*. Campinas: Unicamp [Tese de doutorado].

CRUVINEL, M. & BORUCHOVICH, E. (2010). "Regulação emocional: a construção de um instrumento e resultados iniciais". In: *Psicologia em Estudo*, 15 (3), p. 537-545.

_____ (2004). *Pranchas projetivas para a avaliação da autorregulação emocional de alunos do Ensino Fundamental*. Campinas: Unicamp [Não publicado].

DELL'AGLIO, D.D. & HUTZ, C.S. (2002). "Estratégias de *coping* e estilo atribuicional de crianças em eventos estressantes". In: *Estudos em Psicologia*, 7 (1), p. 5-13. Natal.

DEL PRETTE, Z.A.P. (2005). *Psicologia das habilidades sociais na infância*: teoria e prática. Petrópolis: Vozes.

DIAS, M.G.B.B.; VIKAN, A. & GRAVAS, S. (2000). "Tentativa de crianças em lidar com as emoções de raiva e tristeza". *Estudos em Psicologia*, 5, p. 49-70. Natal.

ERTMER, P. & NEWBY, T. (1996). "The expert learner: Strategies, self-regulated, and reflective". In: *Instructional Science*, 24, p. 1-24.

GOLEMAN, D. (1995). *Inteligência emocional.* Rio de Janeiro: Objetiva

GOTTEMAN, J. (1997). *Inteligência emocional e a arte de educar nossos filhos.* Rio de Janeiro: Objetiva.

GROSS, J.J. (2008). Emotion Regulation. In: LEWIS, J. & BARRETT, L.F. (eds.). *Handbook of Emotions.* Nova York: Guildford, p. 497-512.

GROSS, J.J. & THOMPSON, R.A. (2007). Emotion regulation: Conceptual foundations. In: GROSS, J.J. (ed.). *Handbook of emotion regulation.* Nova York: Guilford, p. 3-24.

KOPP, C.B. (1989). "Regulation of distress and negative emotions: a developmental view". In: *Developmental Psychology*, 25, p. 343-354.

LAZARUS, R.S. & FOLKMAN, S. (1984). *Stress, appraisal, and coping.* Nova York: Springer.

LEAHY, R.L.; TIRCH, D. & NAPOLITANO, L.A. (2013). *Regulação emocional em psicoterapia*: um guia para o terapeuta cognitivo-comportamental. Porto Alegre: Artmed.

LINHARES, M.B.M. & MARTINS, C.B.S. (2015). "O processo da autor-regulação no desenvolvimento de crianças". In: *Estudos de Psicologia*, 32 (2), p. 281-293. Campinas.

LISBOA, C.; KOLLER, S.H.; RIBAS, F.F.; BITENCOURT, K.; OLIVEIRA, L.; PORCIUNCULA, L.P. & DE MARCHI, R.B. (2002). "Estratégias de *coping* de crianças vítimas e não vítimas de violência doméstica". In: *Psicologia*: Reflexão e Crítica, 15 (2), p. 345-362. Porto Alegre.

MILLER, P. (1993). *Theories of Developmental Psychology.* Nova York: W.H. Freeman.

PLANALP, S. (1999). *Communicating Emotion*: Social, Moral and Cultural Process. Cambridge: Cambridge University Press.

RAMOS, I. (2007). *Medição da eficácia do treino de competências de inteligência emocional.* Universidade de Aveiro [Dissertação de mestrado].

SANTOS, S.V. & GUEDES, G.S. (2016). "Regulação emocional, bem--estar psicológico e bem-estar subjetivo". In: *Estudos de Psicologia*, 21 (1), p. 58-68.

SILVA, E. & FREIRE, T. (2014). "Regulação emocional em adolescentes e seus pais: da psicopatologia ao funcionamento ótimo". In: *Análise Psicologica*, 32, p. 187-198.

STALLARD, P. (2007). *Guia do terapeuta para os bons pensamentos/bons sentimentos*: Porto Alegre: Artmed.

SROUFE, L.A. (1996). *Emotional development*. Cambridge: Cambridge University Press.

VIKAN, A. & DIAS, M.G. (1996). "Estratégias para o controle de emoções: um estudo transcultural entre crianças". In: *Arquivos Brasileiros de Psicologia*, 48, p. 80-95.

Sites visitados

http://www.amigosdozippy.org.br

http://www.cucalegal.org.br

http://www.gepem.org

http://www.metodofriends.com

Parte II

Como promover a aprendizagem autorregulada na formação inicial e continuada de professores?

Parte II

Como promover a aprendizagem
autorregulada na formação inicial e
contínua de professores?

5
Sugestões práticas para desenvolver a capacidade de planejar, monitorar e regular a própria aprendizagem no contexto da formação inicial e continuada de professores

Evely Boruchovitch
Maria Aparecida Mezzalira Gomes

Considerações iniciais

Com base no modelo de aprendizagem autorregulada de Barry Zimmerman descrito no capítulo 1, o presente capítulo tem como objetivo mostrar a relevância da perspectiva da aprendizagem autorregulada na formação inicial e continuada de professores da educação básica, tanto do ponto de vista teórico como vivencial. Mais precisamente, visa destacar a necessidade de que o professor e o futuro professor conheçam e apliquem em si atividades autorreflexivas para que possam fortalecer tanto sua capacidade de aprender quanto de ensinar. Nesse sentido, o presente capítulo oferece aos leitores um conjunto complementar de atividades autorreflexivas implementadas e avaliadas que podem ser usadas nesses dois contextos de formação. Apresenta também um passo a passo que deve ser utilizado de forma a potencializar os efeitos das atividades no que concerne ao fortalecimento dos processos autorregulatórios daqueles que ensinam e/ou aspiram ensinar.

Da intervenção direta de pesquisadores nas salas de aula à proposta de formar professores estratégicos e autorregulados: contando um pouco da história

Os primeiros trabalhos de pesquisa visando a promoção da aprendizagem autorregulada foram destinados a estudantes do Ensino Fundamental e orientados à promoção da produção autorregulada de textos narrativos (RIOS, 2005; COSTA & BORUCHOVITCH, 2009) e à promoção da compreensão autorregulada em leitura (GOMES, 2008; GOMES & BORUCHOVITCH, 2011). Realizadas por pesquisadoras diretamente com grupos de alunos em suas salas de aula, essas intervenções foram frutíferas, melhoraram o desempenho dos estudantes no que concerne aos pontos trabalhados e geraram um conjunto de atividades e exercícios valiosos que podem ser trabalhados pelo professor regente de turma para o alcance dos mesmos objetivos. O leitor encontrará uma descrição detalhada acerca dos fundamentos, das propostas e atividades para a promoção da compreensão autorregulada em leitura no capítulo 2 e subsídios teórico-práticos a respeito de como fomentar a produção autorregulada de textos narrativos no capítulo 3 do presente livro.

Tal como descrito em Boruchovitch e Machado (2017), os resultados promissores dessas intervenções fizeram emergir novas e importantes questões: O que poderia ser feito para que os benefícios ora alcançados se estendessem a mais alunos? Como garantir que os ganhos obtidos não se perderiam após a saída dos pesquisadores da escola? Como fortalecer os processos autorregulatórios de forma sistemática e preventiva de problemas de aprendizagem? Como desenvolver, desde os anos iniciais da escolarização formal, estudantes conscientes, proativos e autorregulados? (BORUCHOVITCH, 2004, 2011, 2014; GOMES & BORUCHOVITCH, 2005, 2011).

Respostas a esses instigantes desafios nos direcionaram ao investimento na formação inicial e continuada de professores, já que a literatura mostra que são eles os agentes multiplicadores mais poderosos. Só eles são capazes de fazer de suas salas de aula contextos favorecedores ao aprender a aprender e a promoção dos processos autorregulatórios (ZIMMERMAN; BONNER & KOVACH, 1996). Os inúmeros problemas existentes nos cursos de formação de professores, o conhecimento teórico proveniente da literatura internacional e a importância da autorreflexão como base para a promoção da autorregulação motivaram o desenvolvimento de uma proposta pedagógica e ações em cursos de formação inicial e continuada de professores para além do conteúdo teórico e que inaugurassem um espaço autorreflexivo e vivencial tão pouco habitual na formação de professores. A proposta foi desenvolvida com base na literatura da área (DEMBO, 2001; VEIGA SIMÃO, 2004; ZIMMERMAN, 1986).

É essencial mencionar que ela teve como eixo norteador *um convite ao futuro professor para examinar a si próprio como estudante, mediante a utilização de exercícios e de instrumentos que não só o colocassem constantemente em contato com o discente que tem dentro de si, como também o levassem a uma avaliação do impacto que esse tipo de autorreflexão poderia ter na sua aprendizagem, como aluno e como futuro professor* (BORUCHOVITCH, 2011; BORUCHOVITCH & GANDA, 2013; BORUCHOVITCH, 2014; BORUCHOVITCH & MACHADO, 2017).

O leitor encontrará no capítulo 6 o relato de uma experiência e um conjunto rico de atividades construídas que foram implementadas com sucesso na formação inicial de professores. O capítulo 7 mostra uma intervenção desenvolvida em abordagem teórico-vivencial e autorreflexiva junto a professores em exercício, com ênfase na formação de professores estratégicos e autorregulados realizada com base no convite a dupla vertente: *o professor enquanto estudante e enquanto professor*, ambos oferecem ideias ao leitor sobre como desenvolver uma prática voltada à promoção da autorregulação da aprendizagem no contexto educativo.

A seguir o leitor encontrará a descrição de uma gama de atividades autorreflexivas que podem ser utilizadas por formadores e/ou professores, para o fortalecimento da capacidade de aprender a aprender de futuros professores e professores em exercício. Entretanto, acredita-se que as sugestões práticas ora reunidas podem ser usadas em diferentes níveis de escolarização, podendo cada uma delas ser adaptada para o nível de interesse. Recomenda-se que os exercícios e atividades ora propostos sejam aplicados levando em consideração alguns passos e procedimentos gerais.

Quadro 1 Passos e procedimentos gerais para o melhor aproveitamento das atividades e exercícios autorreflexivos

Adaptado de Evely Boruchovitch (2011)

1º) O formador deve sempre partir do vivencial para o teórico. As atividades devem ser primeiro realizadas e experimentadas em si mesmo, sem apresentação de fundamentos teóricos.

2º) As atividades experimentadas em si mesmo, em se tratando de formação de professores inicial e continuada de professores, devem ter uma dupla vertente: *o professor enquanto estudante e o professor enquanto professor*. A primeira requer que o professor em exercício ou o estudante que aspira ser professor se coloque no papel de estudante e faça uma reflexão sobre como a atividade pode fortalecer a sua capacidade de aprender. Já a segunda vertente deve incitá-los a pensar, desenvolver propostas e de fato aplicar as atividades em seus alunos.

3º) Após a parte vivencial-reflexiva, o formador deve sempre fornecer aos participantes fundamentos teóricos sobre o tema trabalhado e a importância das atividades realizadas. Deve também provê-los de evidências de pesquisa acerca da utilidade das propostas realizadas para o fortalecimento de seus processos autorregulatórios e de seus alunos.

4º) Antes de encerrar o trabalho, o formador deve discutir o conteúdo trabalhado com os participantes, dando oportunidade de que as autorreflexões possam ser socializadas.

Exercícios, instrumentos e atividades autorreflexivas para fortalecer os processos autorregulatórios como o planejar, o monitorar e o regular a aprendizagem

PARA CONHECER AS ESTRATÉGIAS DE APRENDIZAGEM DO ALUNO, DO FUTURO PROFESSOR E DO PROFESSOR

Questões abertas sobre as estratégias de aprendizagem do futuro professor ou do estudante de outros segmentos da escolarização formal

Evely Boruchovitch, 2009a

Trata-se de questões abertas sobre estratégias de aprendizagem que podem ser usadas para suscitar uma reflexão inicial sobre o tema.

1) O que você faz quando precisa ou deseja estudar e aprender melhor algum conteúdo? Descreva.

2) Você acha que é estratégico?

3) Você já ouviu falar em estratégias de aprendizagem?

4) Quais as estratégias de aprendizagem você conhece?

5) Alguém já havia lhe ensinado a usar estratégias de aprendizagem? Quem? Quando?

6) Você acha importante que os professores ensinem aos alunos, além dos conteúdos, como processar melhor a informação? Justifique.

O formador poderá aplicar qualquer uma das questões oralmente ou por escrito, fazer um levantamento e análise de conteúdo das respostas de forma a avaliar se o respondente ou o grupo de respondentes apresenta estratégias de aprendizagem profundas ou superficiais, cognitivas e metacognitivas, conduzindo a reflexão e a discussão sobre o que pode ser feito para maximizar a própria aprendizagem.

> *Fontes que podem fornecer mais subsídios teóricos ao formador e ajudá-lo a potencializar o efeito dessa dinâmica:*
>
> O leitor encontrará nos capítulos 2 e 3 definições de estratégias de aprendizagem, bem como referências sobre o tema.

Protocolo de ativação da metacognição e da autorreflexão sobre a aprendizagem do futuro professor

Evely Boruchovitch, 2009b

Esse protocolo tem a finalidade de conhecer as características dos alunos e fazê-los pensar sobre sua própria aprendizagem, numa dupla vertente: enquanto estudantes e enquanto futuros profissionais. Averigua, também, se os estudantes conhecem estratégias de aprendizagem e sua opinião sobre elas.

É composto de seis questões abertas e fechadas, a saber:

---

1) Você costuma pensar sobre sua aprendizagem ou sobre como aprende? Justifique.

2) Você acha que pensar sobre seu próprio processo de aprendizagem pode lhe ser útil como aluno? Justifique.

3) Você acha que pensar sobre seu próprio processo de aprendizagem pode ser útil para você como futuro professor? Justifique.

4) Quando você tem uma tarefa ou deseja estudar e aprender melhor algum conteúdo, o que faz? Descreva em detalhes.

5) Você já ouviu falar em estratégias de aprendizagem? Sim ou não.

6) Em sua opinião, o que são estratégias de aprendizagem?

O formador poderá aplicar essas questões oralmente ou por escrito, fazer um levantamento e análise de conteúdo das respostas, conduzindo a reflexão e a discussão sobre o que pode ser feito para maximizar a própria aprendizagem. Deve também analisar se a definição de estratégias de aprendizagem dada pelos respondentes se aproxima ou não da definição conceitual e aproveitar para trabalhar esse importante conceito.

> *Fontes que podem fornecer mais subsídios teóricos ao formador e ajudá-lo a potencializar o efeito dessa dinâmica:*
>
> CUNHA, N.B. & BORUCHOVITCH, E. (2016). "Percepção e conhecimento de futuros professores sobre seus processos de aprendizagem". In: *Pró-Posições*, 27, p. 31-56.
>
> MARINI, J.A. & BORUCHOVITCH, E. (2014). "Estratégias de aprendizagem de alunos brasileiros do Ensino Superior: considerações sobre adaptação, sucesso acadêmico e aprendizagem autorregulada". In: *Revista E-Psi*, 1, p. 102-126.

PARA FORTALECER A CAPACIDADE DE AUTOAVALIAÇÃO DO ALUNO

- Quem é você como estudante?
- Quais são seus pontos fortes e fracos como aluno? Faça uma reflexão e discorra sobre as questões levantadas.

Evely Boruchovitch, 2010a

O formador poderá aplicar essa questão oralmente ou por escrito, fazer um levantamento e análise de conteúdo das respostas de forma a avaliar os pontos fracos e fortes do respondente ou do grupo de respondentes na qualidade de estudantes. Deve conduzir a reflexão e a discussão sobre a importância da autoconsciência e do autoconhecimento para a aprendizagem de qualidade, mostrando que a identificação de uma fragilidade é o passo inicial mais importante para a mudança. Deve valorizar os pontos fortes que emergirem e pedir que os participantes comentem como investem esforços para tê-los e mantê-los. Deve sugerir formas pelas quais os pontos de maior vulnerabilidade das pessoas possam ser modificados e transformados em qualidades que maximizem a própria aprendizagem.

Considerando a importância de desenvolver nos alunos, professores e futuros professores a capacidade de realizar uma autoavaliação correta e justa de si mesmo, o formador pode propor uma dinâmica na qual a atividade de autoavaliação valha, por exemplo, 0,5 pt., a ser concedida a todos. Entretanto, é interessante que o formador faça a seguinte proposição:

> **Exercício para autoavaliação da aprendizagem**
>
> Evely Boruchovitch, 2009c
>
> Na disciplina... eu como formadora concedo a nota 0,5 como nota máxima de autoavaliação, a todos que realizarem a atividade abaixo porque não quero prejudicar ninguém, mas quero que você realize uma reflexão sobre quanto, de fato, você acha que merece e se autoatribuiria pelo seu desempenho, nesse curso (p. ex.). Por favor, responda a proposição abaixo, com sinceridade.
>
> Eu acho que, de fato mereço a nota .... (0,0 a 0,5 pt.) porque...
>
> Justifique sua resposta, explicitando os critérios que usou para se autoavaliar.

O formador poderá trabalhar a complexidade e a importância da autoavaliação justa que devemos fazer sobre nós mesmos, ressaltando que todos ganharão os pontos máximos permitidos na tarefa e esclarecendo que a finalidade da tarefa é a autorreflexão acerca do desempenho na situação proposta, bem como dos critérios que devemos utilizar para nos autoavaliarmos.

> *Fontes que podem fornecer mais subsídios teóricos ao formador e ajudá-lo a potencializar o efeito dessa dinâmica:*
>
> BORUCHOVITCH, E. & GANDA, D.R. (2013). "Fostering self-regulated skills in an educational psychology course for Brazilian pre-service teachers". In: *Journal of Cognitive Education and Psychology*, 12 (2), p. 157-173.

PARA DESENVOLVER O PLANEJAR, O MONITORAR E O REGULAR

> **Protocolo autorreflexivo para avaliação do planejamento, monitoramento e regulação da aprendizagem e do comportamento enquanto estudante**
>
> Evely Boruchovitch, 2017

Nome do(a) aluno(a):.. Data.................

Prezado(a) aluno(a),

O objetivo das questões que se seguem é propiciar a você uma oportunidade de refletir sobre o seu comportamento e a sua aprendizagem, de forma a fortalecer os seus processos autorregulatórios: **planejar, monitorar e regular,** tendo em vista a mudança/melhoria de algum comportamento.

---

1) Faça uma reflexão sobre como você é enquanto estudante. Escolha algum comportamento que gostaria de mudar, melhorar, ou não ter.

2) Identifique-o: Qual é?

3) Estabeleça uma meta em relação a ele. Escreva no papel o que você gostaria de alcançar em termos de mudança.

4) Realize de 3 a 5 auto-observações sobre esse aspecto que selecionou de hoje até o dia... Registre por escrito suas percepções e observações.

5) Avalie se está conseguindo melhorar, mudar no aspecto selecionado. Registre, por escrito suas impressões. Indique quais os fatores que estão contribuindo para o seu progresso ou não avanço.

6) Reflita e registre o que pode, deve, ou gostaria de fazer ou ter feito em relação aos impasses que surgiram e ou as facilidades encontradas.

7) No dia... retome a meta e avalie se houve avanço ou não.

O formador deve também fazer esse exercício, aplicá-lo a si. Em trabalho com grupo de respondentes poderá socializar seus resultados, mostrando que todos têm pontos a serem melhorados no contexto educativo e o quanto é difícil mudarmos. Deve promover uma discussão, deixando que as pessoas se manifestem livremente. Deve avaliar a eficácia da atividade no alcance da meta. Deve também mostrar a importância de que as metas estabelecidas sejam específicas, adequadas, realistas e passíveis de serem atingidas num determinado intervalo de tempo. Deve aproveitar a oportunidade para mostrar a importância do planejamento e da auto-observação quando, o que se pretende, é a mudança de algum comportamento, salientando também que ajustes (regulação) podem ser feitos sempre que a auto-observação revelar que são necessários. O formador pode recolher as respostas do grupo e analisá-las em casa. Pode tabulá-las e apresentá-las em encontro seguinte, não identificando nenhum indivíduo.

> *Fontes que podem fornecer mais subsídios teóricos ao formador e ajudá-lo a potencializar o efeito dessa dinâmica:*
>
> DEMBO, M.H. (2001). Learning to teach is not enough: Future teachers also need to learn to learn. *Teacher Education Quarterly*, 28 (4), p. 23-35.
>
> ZIMMERMAN, B.J.; BONNER, S. & KOVACH, R. (1996). *Developing self-regulated learners*: Beyond achievement to self-efficacy. Washington: American Psychological Association.

PARA O FORTALECIMENTO DOS PROCESSOS AUTORREGULATÓRIOS EM MÚLTIPLAS VERTENTES: A) O ESTUDANTE ENQUANTO ESTUDANTE, B) O ESTUDANTE ENQUANTO FUTURO PROFESSOR, C) O PROFESSOR EM EXERCÍCIO ENQUANTO ESTUDANTE E D) O PROFESSOR EM EXERCÍCIO ENQUANTO PROFESSOR

Diários estruturados de aprendizagem são excelentes ferramentas para o fortalecimento dos processos autorregulatórios (SCHMITZ; KLUG & SCHMIDT, 2011). São também muito úteis para uma avaliação mais formativa do processo de aprendizagem. Nesse sentido, Boruchovitch (2009d) desenvolveu e testou um roteiro para elaboração de diários de aprendizagem (BORUCHOVITCH & GANDA, 2013). Acredita-se que eles possam ser usados e bem aproveitados em qualquer tipo de formação que vise o empoderamento dos processos autorregulatórios e o aumento do autoconhecimento sobre como se aprende, na perspectiva da aprendizagem autorregulada. Delineadas para mensurar a aprendizagem em sala de aula de cursos de formação de professores, as questões podem ser adaptadas para a utilização com professores em exercício, bem como para estudantes do Ensino Fundamental I, II e Ensino Médio. Recomenda-se que as questões sejam usadas ao fim de cada aula ou encontro, sempre que possível, para que os respondentes possam daí integrar melhor o que aprenderam no dia. Se não houver tempo hábil orienta-se que as perguntas sejam respondidas, antes de qualquer leitura teórica, com base apenas na aprendizagem em sala de aula. É essencial que haja espaço e oportunidade para comentários adicionais por parte dos respondentes.

Protocolo autorreflexivo para avaliação da aprendizagem, em aula, do(a) futuro(a) professor(a)

Evely Boruchovitch, 2009d

Nome do(a) aluno(a):

Aula n.:

Data:

Tema:

Prezado(a) aluno(a),

O objetivo das questões que se seguem é propiciar a você uma oportunidade de refletir sobre a sua própria aprendizagem, após cada aula.

O curso foi planejado para que você aceite o convite de aproveitar seu conteúdo programático numa dupla vertente:

---

1) **Você,** enquanto **um(a) estudante universitário(a),** que precisa conhecer-se melhor e fortalecer suas formas de aprender e processar com qualidade a informação.

2) **Você,** enquanto **um(a) futuro(a) professor(a),** que terá um papel ativo na formação de alunos, com qualidades valiosas para maximizarem suas aprendizagens.

Questões

1) O que aprendi hoje?

2) De que eu mais gostei?

3) De que eu menos gostei?

4) O conteúdo desenvolvido na aula foi útil para eu melhorar como estudante universitário(a)?

Sim ( ) Não ( ) – Justifique:

5) Com base no que foi desenvolvido na aula de hoje, o que eu posso fazer para desenvolver ainda mais a minha capacidade de aprender?

6) O conteúdo desenvolvido na aula foi útil para eu melhorar como futuro(a) professor(a)?

Sim ( ) Não ( ) – Justifique:

7) Com base no que foi desenvolvido na aula de hoje, o que eu poderia fazer para melhorar a capacidade de aprender dos meus alunos, se fosse um(a) professor(a)?

Próximo ao final da formação, o professor pode entregar aos participantes as questões anteriormente descritas no protocolo autorreflexivo com orientações mais pontuais para auxiliá-los na finalização do diário de aprendizagem a ser entregue tal como se segue:

Roteiro para elaboração do diário de aprendizagem

Evely Boruchovitch, 2010b

Prezado(a) aluno(a),

O objetivo das questões que se seguem é propiciar a você uma oportunidade de refletir sobre a sua própria aprendizagem ao longo do curso.

Para realizar seu diário de aprendizagem

1) Retome suas respostas às atividades autorreflexivas (protocolo autorreflexivo).

2) Faça uma revisão do conteúdo das aulas e das leituras.

3) Lembre-se que o curso foi planejado para que você aceite o convite de aproveitar seu conteúdo programático numa dupla vertente:

---

1) **Você**, enquanto **um(a) estudante universitário(a)**, que precisa conhecer-se melhor e fortalecer suas formas de aprender e processar com qualidade a informação.

2) **Você**, enquanto **um(a) futuro(a) professor(a)**, que terá um papel ativo na formação de alunos, com qualidades valiosas para maximizarem suas aprendizagens.

Procure responder

O que eu aprendi no curso? De que eu mais gostei? De que eu menos gostei?

O conteúdo programático desenvolvido no curso foi útil para eu melhorar como estudante universitário(a)? Sim ( ) Não ( ) – Justifique:

O curso me ajudou a desenvolver ainda mais a minha capacidade de aprender? Sim ( ) Não ( ) – Justifique:

O curso colaborou para eu realizar mudança em meus comportamentos como estudante? Se sim, avalie se foram ganhos positivos e exemplifique o que mudou de fato. Quais foram as mudanças?

O curso colaborou para eu ter uma mais consciência de aspectos que eu preciso ainda modificar no meu comportamento como estudante para aproveitar mais as aulas e aprender melhor? Se sim, exemplifique e comente quais as áreas que você gostaria de alcançar mudanças.

O conteúdo desenvolvido no curso foi útil para eu melhorar como futuro(a) professor(a)? Sim ( ) Não ( ) – Justifique:

Quais os temas trabalhados que julgou mais relevantes?

Com base no que foi desenvolvido no curso, o que eu poderia fazer para melhorar a capacidade de aprender dos meus alunos, se fosse um(a) professor(a)?

Fontes que podem fornecer mais subsídios teóricos ao formador e ajudá-lo a potencializar o efeito dessa dinâmica:

BORUCHOVITCH, E. (2014). "Autorregulação da aprendizagem: contribuições da psicologia educacional para a formação de professores". In: *Psicologia Escolar e Educacional,* 18 (3), p. 401-409.

BORUCHOVITCH, E & GANDA, D.R. (2013). "Fostering self-regulated skills in an educational psychology course for Brazilian pre-service teachers". In: *Journal of Cognitive Education and Psychology,* 12 (2), p. 157-173.

PARA TRABALHAR A MELHORIA DOS PROBLEMAS MOTIVACIONAIS

Situação-problema para avaliação das estratégias autoprejudiciais de estudantes universitários

Boruchovitch e Ganda, 2009.

Desenvolvido por Boruchovitch e Ganda (2009), baseados em Stipek (1993), consiste da apresentação ao respondente de uma história na qual um personagem possui problemas motivacionais e faz uso de estratégias autoprejudiciais em situações escolares, seguida de cinco questões abertas. O exercício tem por objetivo levar o respondente a refletir, identificar e relatar, espontaneamente, as estratégias autoprejudiciais de que faz uso em situações de estudo e aprendizagem e que consequentemente afetam a qualidade de seu desempenho no contexto educativo.

Situação-problema para avaliação das estratégias autoprejudiciais de estudantes universitários

Evely Boruchovitch e Danielle Ribeiro Ganda, 2009*

Aluno: N.   Data:

Instituição: Semestre:

Curso: Período: ( ) Noturno ( ) Diurno

Sexo: M ( ) F ( ) Idade:

Agora você lerá o caso de uma pessoa que faz algumas coisas prejudiciais a sua aprendizagem.

Daniel o Defensivo

Daniel concentra seus esforços para ninguém interpretar seus problemas de aprendizagem como falta de capacidade dele. Faz uso de estratégias autoprejudiciais tais como: deixa para fazer os trabalhos sempre na última hora, não presta atenção nas aulas e conversa muito com os colegas. De forma geral, ele não acredita que seja capaz de alcançar o sucesso acadêmico por métodos legítimos.

Você acha importante pensar sobre as coisas que você faz e que são prejudiciais para a sua aprendizagem? ( ) Sim ( ) Não

Por quê?

Assim como Daniel, é muito comum as pessoas se engajarem em comportamentos que às vezes podem dificultar a sua própria aprendizagem. Muitas vezes, elas até sabem que não vale a pena tê-los, mas não sabem ou não conseguem mudar isso nelas.

Agora eu gostaria de lhe convidar a pensar um pouco sobre você.

Você acha que faz coisas que podem estar lhe atrapalhando a aprender melhor no seu curso universitário? ( ) Sim ( ) Não. O que você faz?

Você acha importante pensar sobre as coisas que você faz e que são prejudiciais para a sua aprendizagem? ( ) Sim ( ) Não

Por quê?

_____

* Desenvolvido com base na literatura da área.

O formador poderá aplicar essa questão oralmente ou por escrito, fazer um levantamento e análise de conteúdo, de forma a avaliar se o respondente ou o grupo de respondentes apresenta estratégias autoprejudiciais e discutir formas de empoderá-los, na lida com seus problemas motivacionais, mostrando que todos nós temos comportamentos que podem dificultar a nossa aprendizagem.

Fontes que podem fornecer mais subsídios teóricos ao formador e ajudá-lo a potencializar o efeito dessa dinâmica:

GANDA, D.R. (2011). Atribuições de causalidade e estratégias autoprejudiciais de alunos de curso de formação de professores. Campinas: Unicamp [Dissertação de mestrado].

GANDA, D.R. & BORUCHOVITCH, E. (2015). "Self-handicapping strategies for learning of preservice teachers". In: Estudos de Psicologia, 32, p. 417-425.

PARA TRABALHAR A AUTOCONSCIÊNCIA E A AUTORREFLEXÃO SOBRE AS EMOÇÕES

A capacidade de regulação das emoções é uma característica essencial para uma vida saudável. É uma qualidade fundamental para quem deseja atuar em contexto educativo. O capítulo 4 da presente obra oferece ao leitor fundamentos teóricos e exemplos práticos sobre essa temática. A seguir será descrito um conjunto de questões que foi desenvolvido e testado na forma de entrevista (BORUCHOVITCH & BORTOLLETO, 2009), mas que pode também ser aplicado individualmente ou coletivamente na forma de questionário. Ademais, as perguntas podem ser utilizadas para uma discussão geral sobre o tema da regulação das emoções durante um processo de formação.

Questões para avaliação da regulação das emoções de alunos universitários e adultos

Evely Boruchovitch e Denise Bortoletto, 2009*

Nome: **Idade:**   **Data:**

Instruções

Eu gostaria de compreender um pouco mais sobre nossas emoções e gostaria de lhe convidar a pensar um pouco sobre as suas. Todos nós sentimos raiva, tristeza, alegria, medo, ansiedade, ficamos nervosos, entre outras emoções.

Eu farei perguntas sobre algumas das emoções e gostaria de saber o que você faz quando, por exemplo, se sente com ansiedade. Lembre-se: não existem respostas certas ou erradas, o importante é realmente saber o que sinceramente você faz. Podemos começar?

1) Qual é a emoção que você mais gosta de sentir? Por quê?

2) Qual é a emoção que você menos gosta de sentir? Por quê?

3) Você costuma pensar sobre suas emoções e sentimentos? Sim ( ) Não ( )

   3.1) Acha importante fazer isso? Por quê?

   3.2) Dê algum exemplo no qual foi bom ou útil ter esse tipo de reflexão.

4) Você costuma perceber o impacto que uma determinada emoção pode ter no seu desempenho escolar ou acadêmico?

   4.1) Costuma perceber quando ela lhe atrapalha? Sim ( ) Não ( ). - Dê exemplo de uma situação.

   4.2) Costuma perceber quando ela lhe ajuda? Sim ( ) Não ( ). - Dê exemplo de uma situação.

   5) Você acha que tem um bom autocontrole de suas emoções? Sim ( ) Não ( ) - Por quê?

Dê um exemplo de uma situação na qual esse autocontrole tenha ocorrido ou falhado.

---

* Questões adaptadas da entrevista para avaliação da regulação das emoções de alunos universitários e adultos (BORUCHOVITCH & BORTOLETTO, 2009).

> *Fontes que podem fornecer mais subsídios teóricos ao formador e ajudá-lo a potencializar o efeito dessa dinâmica:*
>
> BORUCHOVITCH, E. & BORTOLETTO, D. (2010). "Estratégias de regulação emocional: conceituação e instrumentos de medida". In: SANTOS, A.A.A.; SISTO, F.; BORUCHOVITCH, E. & NASCIMENTO, E. (orgs.). *Perspectivas em avaliação psicológica.* São Paulo: Casa do Psicólogo, p. 271-292.

Assim, tem-se a expectativa de que o conteúdo deste capítulo reforce no leitor a consciência de que para ser um bom professor é necessário ser um estudante capaz de refletir sobre como aprende (DEMBO, 2001). Fomentar a capacidade do futuro docente de refletir, planejar, monitorar e regular a própria aprendizagem é essencial para o fortalecimento de sua autorregulação. Acredita-se que as atividades ora apresentadas neste capítulo complementem as descritas nos capítulos 6, 7 e 8 e sejam valiosas para o aumento do autoconhecimento e da autoconsciência do futuro professor e do professor em exercício no que diz respeito às diferentes facetas da autorregulação. Espera-se ainda que as atividades autorreflexivas desenvolvidas chame atenção de gestores e formadores de professores quanto à necessidade de que se inaugurem espaços para a reflexão sobre como se aprende durante a formação inicial do professor (BORUCHOVITCH, 2011; BORUCHOVITCH, 2014; BORUCHOVITCH & GANDA, 2013; BORUCHOVITCH & MACHADO, 2017; RANDI, 2004).

Referências

BORUCHOVITCH, E. (2017). *Protocolo autorreflexivo para avaliação do planejamento, monitoramento e regulação da aprendizagem e do comportamento enquanto estudante.* Campinas: Unicamp [Não publicado].

_____ (2014). "Autorregulação da aprendizagem: contribuições da psicologia educacional para a formação de professores". In: *Psicologia Escolar e Educacional*, 18 (3), p. 401-409.

_____ (2011). *Memorial elaborado para concurso para professor titular.* Campinas: Unicamp [Não publicado].

BORUCHOVITCH, E. (2010a). *Quem é você como estudante? Quais são seus pontos fortes e fracos como aluno?* Campinas: Unicamp [Não publicado].

_____ (2010b). *Roteiro para elaboração do diário de aprendizagem.* Campinas: Unicamp [Não publicado].

_____(2009a). *Questões abertas sobre as estratégias de aprendizagem do futuro professor ou do estudante de outros segmentos da escolarização formal.* Campinas: Unicamp [Não publicado].

_____ (2009b). *Protocolo de ativação da metacognição e da autorreflexão sobre a aprendizagem do futuro professor.* Campinas: Unicamp [Não publicado].

_____ (2009c). *Exercício de autoavaliação do desempenho.* Campinas: Unicamp [Não publicado].

_____ (2009d). *Protocolo autorreflexivo para avaliação da aprendizagem, em aula, do(a) futuro(a) professor(a).* Campinas: Unicamp [Não publicado].

_____ (2004). A autorregulação da aprendizagem e a escolarização inicial. In: BORUCHOVITCH, E. & BZUNECK, J.A. (orgs.). *Aprendizagem:* processos psicológicos e o contexto social na escola. Petrópolis: Vozes, p. 55-88.

BORUCHOVITCH, E. & BORTOLETTO, D. (2010). Estratégias de regulação emocional: conceituação e instrumentos de medida. In: SANTOS, A.A.A.; SISTO, F.F.; BORUCHOVITCH, E. & NASCIMENTO, E. (orgs.). *Perspectivas em avaliação psicológica.* São Paulo: Casa do Psicólogo, p. 271-292.

_____ (2009). *Entrevista para avaliação da regulação das emoções de alunos universitários e adultos.* Campinas: Unicamp [Não publicado].

BORUCHOVITCH, E. & GANDA, D.R. (2013). "Fostering self-regulated skills in an educational psychology course for Brazilian pre-service teachers". In: *Journal of Cognitive Education and Psychology,* 12 (2), p. 157-173.

_____ (2009). *Situação-problema para avaliação das estratégias autoprejudiciais de estudantes universitários*. Campinas: Unicamp [Não publicado].

BORUCHOVITCH, E. & MACHADO, A.C.T. (2017). Autorregulação da aprendizagem na formação inicial e continuada de professores – Como intervir para desenvolver? In: POLYDORO, S. (org.). *Promoção da autorregulação da aprendizagem* – Contribuições da Teoria Social Cognitiva. Porto Alegre: Letra, p. 89-104.

COSTA, E.R. & BORUCHOVITCH, E. (2009). "As estratégias de aprendizagem e a produção de textos narrativos". In: *Psicologia*: Reflexão e Crítica, 22 (2), p. 173-180.

CUNHA, N.B. & BORUCHOVITCH, E. (2016). "Percepção e conhecimento de futuros professores sobre seus processos de aprendizagem". In: *Pró-posições*, 27, p. 31-56.

DEMBO, M.H. (2001). "Learning to teach is not enough: Future teachers also need to learn to learn". In: *Teacher Education Quarterly*, 28 (4), p. 23-35.

GANDA, D.R. (2011). *Atribuições de causalidade e estratégias autoprejudiciais de alunos de curso de formação de professores*. Campinas: Unicamp [Dissertação de mestrado].

GANDA, D.R. & BORUCHOVITCH, E. (2015). "Self-handicapping strategies for learning of preservice teachers". In: *Estudos de Psicologia* 32, p. 417-425.

GOMES, M.A.M. (2008). *Compreensão autorregulada em leitura*: procedimentos de intervenção. Campinas: Unicamp [Tese de doutorado].

GOMES, M.A.M. & BORUCHOVITCH, E. (2011). "Aprendizagem autorregulada da leitura: resultados positivos de uma intervenção psicopedagógica". In: *Psicologia*: Teoria e Pesquisa, 27, p. 33-42.

_____ (2005). "Desempenho no jogo, estratégias de aprendizagem e compreensão em leitura". In: *Psicologia*: Teoria e Pesquisa, 21 (3), p. 319-326.

MARINI, J.A. & BORUCHOVITCH, E. (2014). "Estratégias de aprendizagem de alunos brasileiros do Ensino Superior: considerações sobre adaptação, sucesso acadêmico e aprendizagem autorregulada". In: *Revista E-Psi*, 1, p. 102-126.

PRESSLEY, M.; BORKOWSKI, J.G. & SCHNEIDER, W. (1989). "Good information processing: What it is and how education can promote it". In: *Journal of Educational Research*, 13 (8), p. 857-867.

RANDI, J. (2004). "Teachers as self-regulated learners". In: *Teachers College Record*, 106 (9), p. 1.825-1.853.

RIOS, E.R.C. (2005). *A intervenção por meio da instrução em estratégias de aprendizagem*: contribuiçoes para a produção de textos. Campinas: Unicamp [Tese de doutorado].

SCHMITZ, B.; KLUG, J. & SCHMIDT, M. (2011). Assessing self-regulated learning using diary measures with university students. In: ZIMMERMAN, B. & SCHUNK, D. (eds.). *Handbook of self-regulation of learning and performance*. Nova York: Routledge, Taylor & Francis Group, p. 251-266.

STIPEK, D.J. (1993). *Motivation to learn*: From theory to practice. Nova Jersey: Prentice Hall.

VEIGA SIMÃO, A.M. (2004). Integrar os princípios da aprendizagem estratégica no processo formativo dos professores. In: LOPES DA SILVA, A.; DUARTE, A.M.; SÁ, I. & VEIGA SIMÃO, A.M. *Aprendizagem autorregulada pelo estudante* – Perspectivas psicológicas e educacionais. Porto: Porto Ed. [Coleção Ciências da Educação, século XXI].

ZIMMERMAN, B.J. (1986). "Development of self-regulated learning: Which are the key sub-processes?" In: *Contemporary Educational Psychology*, 16, p. 307-313.

ZIMMERMAN, B.J.; BONNER, S. & KOVACH, R. (1996). *Developing self-regulated learners*: Beyond achievement to self-efficacy. Washington: American Psychological Association.

6
Como promover a autorregulação da aprendizagem de futuros professores
Descrição de um programa no Ensino Superior

Danielle Ribeiro Ganda
Evely Boruchovitch

Introdução

A autorregulação da aprendizagem é definida como o processo pelo qual uma pessoa controla, monitora, avalia e reflete sobre o próprio aprendizado (ZIMMERMAN & SCHUNK, 2008). Um indivíduo autorregulado reúne características e comportamentos que favorecem a conquista de suas metas. No contexto educacional, pode-se nomear como autorregulado o aluno que tem bons hábitos de estudo, usa diferentes estratégias de aprendizagem, mantém bom nível motivacional, tem crenças pessoais positivas e é capaz de se autoavaliar e adaptar seu comportamento de acordo com o desempenho obtido (BEMBENUTTY, 2008; CLEARY; PLATTEN & NELSON, 2008).

Embora a autorregulação seja uma habilidade necessária ao sucesso escolar, os estudos revelam uma dificuldade dos alunos em saber como estudar e ainda de autorrefletir sobre sua forma de aprender (FERLA; VALCKE & SCHUYTEN, 2009; WOLTERS, 2010). Pesquisas realizadas no Ensino Superior revelam que uma porcentagem considerável de alunos universitários relata a ausência ou a deficiência de estratégias e crenças que os auxiliem na realização bem-sucedida das atividades acadêmicas

(BORUCHOVITCH & GANDA, 2013; GANDA & BORUCHO-VITCH, 2015, 2018; KITSANTAS & ZIMMERMAN, 2009).

Desse modo, ressalta-se a importância de se promover cursos sobre a autorregulação da aprendizagem, inclusive para alunos dos cursos de formação de professores, como pedagogia, licenciaturas e de formação continuada. Atenção especial a esse grupo deve-se ao fato de que as crenças e o comportamento dos professores têm relação com suas próprias experiências educacionais e exercem forte influência no engajamento e no desempenho dos alunos (MARTINI & DEL PRETTE, 2002, 2009; WOOLFSON & BRADY, 2009). Estudos revelam que docentes autorregulados têm maior capacidade de identificar e analisar os componentes cognitivos, afetivos e motivacionais presentes no processo de aprendizagem e, possivelmente, possuem maiores condições para estimular a autorregulação de seus alunos (CLEARY, 2011; MIDDLETON; ABRAMS & SEAMAN, 2011).

Tendo em vista a relevância do tema para a Educação, desenvolveu-se um programa de intervenção voltado à promoção da autorregulação da aprendizagem no Ensino Superior, destinado a alunos do curso de formação de professores (BORUCHOVITCH & GANDA, 2013; GANDA, 2016). No presente capítulo, inicialmente será descrito como foi o processo de construção do programa de intervenção. Em seguida, serão apresentadas algumas atividades desenvolvidas de acordo com cada dimensão da autorregulação: cognitiva, metacognitiva, emocional e motivacional. Por fim, serão indicadas sugestões práticas de atividades, conteúdos e leituras básicas para professores em formação e em exercício profissional. Informamos que essas partes do capítulo serão relatadas na primeira pessoa do plural.

1) Programa de intervenção em autorregulação

O programa de intervenção intitulado "Desenvolvendo a autorregulação da aprendizagem de futuros professores" foi construído por nós, autoras do capítulo (BORUCHOVITCH & GANDA, 2013). O trabalho surgiu a partir do projeto "Promovendo a autoconsciência e a autorreflexão de futuros professores – Desenvolvimento de uma proposta de ensino com base na aprendizagem autorregulada", tendo como alicerce teórico os pressupostos científicos da psicologia sociocognitiva, especialmente os estudos de Zimmerman (2000, 2002). Assim, buscamos desenvolver um programa que abarcasse temas presentes nas três fases do modelo teórico de Zimmerman (2000) e em quatro dimensões da autorregulação: cognitiva, metacognitiva, emocional e motivacional, conforme o Quadro 1.

Quadro 1 **Temas trabalhados no programa de intervenção em autorregulação**

Dimensão	Temas	Objetivos
Cognitiva	Estratégias de aprendizagem.	Ensinar os alunos a sublinhar, ler atentamente, fazer resumos, elaborar mapas conceituais.
Metacognitiva	Organização, planejamento e gerenciamento do tempo.	Ajudar os alunos a planejarem suas ações de estudo e organizar suas atividades no tempo.
Emocional/afetiva	Regulação emocional.	Auxiliar os alunos a refletir sobre suas emoções e a lidar com o estresse e ansiedade.
Motivacional	Motivação para aprender, autoeficácia e atribuição de causalidade.	Orientar os alunos a identificar as suas crenças, seus níveis motivacionais e a manter a motivação.

A estrutura da intervenção foi planejada a partir das contribuições dos trabalhos anteriores realizados dentro do Grupo de Estudos e Pesquisa em Psicopedagogia (Gepesp), da Faculdade de Educação da Unicamp (BORUCHOVITCH, 2007; BORUCHOVITCH &

GANDA, 2009, 2010, 2011, 2013; COSTA & BORUCHOVITCH, 2009; GOMES & BORUCHOVITCH, 2002, 2008, 2011). Inclusive, devemos ressaltar que as atividades propostas na intervenção foram baseadas nas publicações da literatura científica sobre o tema (BORUCHOVITCH & GANDA, 2013; BZUNECK, 2010; DEMBO & SELI, 2004; RODRÍGUEZ et al., 2001; SIMPSON, 2002; TRINDADE, 2009; VANDERSTOEP & PINTRICH, 2003; WOLTERS, 2010).

A intervenção foi realizada durante um semestre, em encontros quinzenais de duas horas, com uma turma de alunos ingressantes do Curso de Pedagogia de uma universidade pública. Os encontros incluíram aulas teóricas expositivas e dialogadas sobre variáveis da autorregulação da aprendizagem, atividades autorreflexivas, vídeos e tarefas online, atividades de ativação metacognitiva e orientações explícitas sobre como aplicar o conteúdo à sua própria aprendizagem. Durante o planejamento da intervenção buscou-se incluir temas e atividades que ajudassem os alunos a refletir sobre sua atitude, de modo a melhorar os aspectos positivos e dirimir os pontos negativos de sua forma de estudar. O programa, inclusive, foi construído numa dupla perspectiva, tendo em vista auxiliar os universitários a serem alunos mais autorregulados e, futuramente, melhores professores (BORUCHOVITCH & GANDA, 2013; BEMBENUTTY, 2008; GANDA & BORUCHOVITCH, 2018; MIDDLETON; ABRAMS & SEAMAN, 2011).

2) Dimensões da autorregulação da aprendizagem

2.1) Regulação cognitiva

O uso de estratégias de aprendizagem é fundamental para um aprendizado efetivo. Ao longo da realização do programa de intervenção buscamos ensinar diferentes tipos de estratégias cognitivas e metacognitivas e incentivar o seu uso cotidiano pelos alunos. Parte dos alunos já possuía bons hábitos de estudo, além de aprender novas formas de aprender os incentivamos a compartilhar suas estratégias com os colegas. Dentre as estratégias cognitivas, as que trabalhamos no programa foram: sublinhar, fazer leitura atenta, elaborar resumos e construir perguntas/respostas sobre o tema.

Inicialmente, pedimos aos alunos que respondessem a uma atividade composta por duas partes. Na primeira eles descreveram o modo como estudam e, na segunda, leram atentamente um breve texto e o sublinharam. Em seguida, começamos a aula expositiva e dialogada, na qual abordamos teoricamente as estratégias de aprendizagem e a importância de seu uso no contexto acadêmico. Durante a aula, os alunos puderam partilhar as estratégias que usam e rever o modo como sublinharam o texto inicial, de acordo com a técnica ensinada. Ao final, discutimos estratégias de aprendizagem adequadas aos ensinos Infantil e Fundamental, que poderão auxiliar os universitários quando atuarem profissionalmente como professores. Para casa, tanto nessa aula como nas demais, orientamos os alunos a lerem os textos teóricos sobre os conteúdos abordados e a usarem as estratégias de aprendizagem. Alguns exemplos de perguntas se encontram na Figura 1.

Figura 1 Atividade de regulação cognitiva

ATIVIDADE*

Caro aluno,

Para começar a atividade da aula 2, por favor, reserve um momento para o estudo, separe o material que irá precisar (texto teórico, folha de atividade, papel avulso e caneta) e, se possível, permaneça em um lugar tranquilo. Em seguida, siga os tópicos abaixo:

1º) Primeiramente, faça a leitura do texto *Como motivar os alunos: sugestões práticas*, de Bzuneck (2010), e sublinhe as partes que considerar mais importantes. Fique a vontade para empregar outras estratégias que facilitem a sua aprendizagem durante a leitura.

2º) Agora reveja brevemente o texto e responda:

a) Você acha que de fato sublinhou os pontos mais importantes? ( ) Sim ( ) Não

b) Sublinharia ou deixaria de sublinhar alguma coisa?

_____

* Atividade desenvolvida por Ganda & Boruchovitch (2018).

2.2) Regulação metacognitiva

Enquanto as estratégias de aprendizagem são procedimentos positivos que auxiliam o aprendizado, as estratégias autoprejudiciais são exatamente o oposto. Essas estratégias englobam as atitudes que potencialmente prejudicam o aprendizado de um conteúdo e, por conseguinte, o desempenho acadêmico. A estratégia autoprejudicial mais citada pelos alunos foi a procrastinação, ou seja, o hábito de postergar o estudo e a realização de atividades acadêmicas até o último prazo (GANDA & BORUCHOVITCH, 2015; RODRIGUES et al., 2004). Desse modo, para auxiliar os alunos também no âmbito metacognitivo, trabalhamos as estratégias de organização e gerenciamento do tempo na vida acadêmica, abordadas em mais de um encontro.

Primeiramente, solicitamos aos alunos que refletissem e identificassem que tipos de comportamentos possuem que afetam negativamente sua aprendizagem. Na aula teórica expusemos as causas e consequências do uso frequente de estratégias autoprejudiciais, sobretudo a procrastinação, no desempenho acadêmico. Além disso, guiamos os alunos no preenchimento de uma atividade em sala referente ao gerenciamento do tempo. Os alunos tiveram de listar cinco atividades acadêmicas e organizá-las dentro de um Quadro de Planejamento Semanal (Figura 2). Inclusive, orientamos para que incluíssem os seus compromissos extracurriculares, tanto pessoais como profissionais, e a monitorarem o seu planejamento durante uma semana. Ao final desse período eles responderam a novas perguntas autorreflexivas sobre a atividade (Figura 3).

Figura 2 Atividade de regulação metacognitiva – Primeira parte

ATIVIDADE
Caro aluno,
Agora vamos tentar colocar em prática o que foi abordado na aula de hoje. Primeiro, por favor, faça uma lista de cinco das principais atividades acadêmicas que precisa realizar na próxima semana, em ordem de prioridade.
Lista de atividades* 1) 2) 3) 4) 5)
Em seguida, por favor, distribua as suas atividades dentro do quadro de planejamento semanal. **Quadro de planejamento semanal*** _____ * Atividade adaptada de Rodríguez (2000).

Dias da semana							
	01/05 Quarta- -feira	02/05 Quinta- -feira	03/05 Sexta- -feira	04/05 Sábado	05/05 Domingo	06/05 Segunda- -feira	07/05 Terça- -feira
Manhã							
Tarde							
Noite							

Figura 3 Atividade de regulação metacognitiva – Segunda parte

> **ATIVIDADE**
>
> Caro aluno,
>
> Em sala, na última aula, você fez um planejamento semanal. Ao final da semana, reveja seu planejamento, faça uma análise de seu desempenho e responda as seguintes questões :
>
> a) Você conseguiu cumprir com o planejamento feito no início da semana?
>
> ( ) Sim ( ) Não ( ) Parcialmente
>
> b) Por quais motivos você acha que isso ocorreu?
>
> c) Você acha que a estratégia de gerenciamento de tempo proposta, fazer a lista de atividades e montar o quadro de planejamento semanal, foi eficiente para você? ( ) Sim ( ) Não – Por quê?
>
> d) Quais os tipos de estratégias você acha que podem funcionar melhor para você gerenciar o seu tempo?
>
> _____
>
> * Questões adaptadas de Simpson (2002).

2.3) Regulação emocional

Os estados emocionais têm uma grande influência no desempenho dos alunos. Em nossa pesquisa identificamos que o estresse diário na graduação e a ansiedade diante de situações avaliativas eram os maiores desafios para os alunos universitários. Para auxiliá-los nessa dimensão da autorregulação elaboramos atividades pelas quais pudessem refletir sobre os seus estados emocionais e elaborar estratégias para diminuir o estresse e a ansiedade no contexto acadêmico.

Inicialmente, aplicamos uma atividade autorreflexiva na qual os alunos relataram sobre as situações que lhes geram ansiedade no Ensino Superior. Em seguida, em aula expositiva e dialogada, apresentamos os principais conceitos teóricos sobre regulação emocional e o modo como as emoções interferem no processamento da informação, ou seja, como afetam os processos mentais de percepção, atenção, raciocínio e memória, que são essenciais para a aprendizagem. Descrevemos brevemente os principais sintomas do estresse e da ansiedade e como estão relacionados ao bem-estar e ao desempenho na vida acadêmica e no trabalho. Então, apresentamos diversas estratégias de regulação emocional adequadas ao contexto universitário. Para finalizar os universitários responderam a uma questão sobre como sendo futuros professores eles poderiam auxiliar alunos ansiosos, baseando-se no conteúdo abordado na aula teórica e em sua própria experiência pessoal. Em casa, os alunos fizeram outra atividade autorreflexiva (Figura 4) na qual deviam identificar as suas emoções em diferentes situações acadêmicas e as estratégias por eles empregadas.

Figura 4 Atividade de regulação emocional

ATIVIDADE

Caro aluno,

Por favor, pense em uma **situação escolar ou acadêmica** que lhe cause alguma emoção negativa como, por exemplo, ansiedade, raiva, culpa, tristeza, entre outras. Agora, por favor, responda as questões* a seguir:

a) Escreva qual a situação que pensou e qual o tipo predominante de emoção que essa situação lhe causa.

b) Quais fatores (ex.: crenças, percepções, sensações físicas e comportamentos) você acha que contribuem para esse problema?

c) Que estratégias você acha que poderia usar para minimizar ou eliminar esse problema?

d) Você alguma vez já empregou alguma dessas estratégias para lhe ajudar numa situação como a que mencionou?

( ) Sim – Quais? Elas foram efetivas para minimizar o problema?

( ) Não – Por quê? Tentaria usá-las numa próxima vez?

---

* Questões adaptadas de Dembo & Seli (2004).

2.4) Regulação motivacional

A motivação é a base do processo de aprendizagem. O sucesso acadêmico só é possível se o aluno iniciar, se dedicar e concluir as atividades de aprendizagem. Desse modo, não basta que os alunos tenham conhecimento sobre as estratégias de aprendizagem, mas que se sintam motivados a usá-las com frequência. Os universitários que participaram da intervenção nos disseram que as atividades que despertam menor interesse são de fato as que eles aplicam menor esforço e que dedicam menos tempo. Assim, para atender essa dimensão da autorregulação, construímos atividades que auxiliassem os alunos a mensurar seu nível motivacional, identificar as razões e criar estratégias para manter a motivação em diferentes tarefas e contextos de aprendizagem. Assim como na regulação metacognitiva, trabalhamos o tema em mais de um encontro.

Primeiramente, pedimos aos alunos que respondessem a algumas perguntas autorreflexivas (Figura 5) e parte de uma escala que visava medir a orientação motivacional no contexto acadêmico, se mais intrínseca ou extrínseca. Na aula teórica apresentamos as causas, os diferentes tipos de motivação para aprender e como afetam o comportamento e a aprendizagem. Inclusive, discutimos propostas de atividades voltadas a estimular a motivação dos alunos em diferentes etapas do ensino. Para casa, tendo como base reforçar o que foi trabalhado em sala, os alunos fizeram outra atividade (Figura 6) e se prepararam para o próximo encontro no qual se discutiu conjuntamente os temas: motivação e gerenciamento de tempo (Figura 7).

Figura 5 Atividade de regulação motivacional – Primeira parte

ATIVIDADE*

Caro aluno,

Por favor, responda às seguintes questões: (Use o verso da folha, se necessário).

a) O que lhe motiva para trabalhar nas tarefas de aprendizagem? (Quais são suas intenções, motivações, seus interesses e objetivos.)

b) Quais são os seus tipos preferidos de atividades, situações, contextos ou ambientes de aprendizagem?

_____

* Atividade desenvolvida por Ganda & Boruchovitch (2018).

Figura 6 Atividade de regulação motivacional – Segunda parte

ATIVIDADE*

Caro aluno,

Por favor, com base na apresentação teórica, leia cada um dos exemplos abaixo e tente identificar qual o nível de motivação a que se referem. Escreva-o na frente de cada frase. Em seguida, responda as questões.

Escala do *continuum* dos níveis de motivação

|------------|-----------|-----------|-----------|----------|----------|

| Falta de motivação | Motivação extrínseca por regulação externa | Motivação por regulação introjetada | Motivação por regulação identificada | Motivação por regulação integrada | Motivação intrínseca |

a) Amanda diz que não gosta muito de ir pra faculdade e não vê sentido nas matérias que estuda. Ela não se interessa pelas atividades dadas pela professora, mas diz que acaba fazendo o que é pedido, pois senão se sente culpada depois. _____

b) Felipe está tendo dificuldades com a disciplina de Sociologia. Apesar de não gostar muito da matéria, decidiu participar das aulas de reforço, pois seu professor disse que são muito importantes e que irão ajudá-lo a se recuperar. _____

c) Lucas é um aluno muito dedicado, que participa de todas as aulas com muita empolgação. Ele não tem dificuldades com os conteúdos, mas está sempre na biblioteca estudando e buscando se aprofundar nos assuntos. Ele participa de todas as atividades extraclasses, mesmo quando não contam ponto e diz que faz isso, pois adora estudar e aprender coisas novas. _____

d) Paula sempre se senta no fundo da sala e tem um rendimento dentro da média. Ela não gosta de participar das aulas então prefere ficar mexendo no celular ou dormir na carteira. Quando o professor pede para fazer alguma atividade ela não fica interessada, mas prefere fazer o que é pedido somente porque precisa de nota para passar. _____

e) Marcelo é considerado pelos colegas como o inteligente da classe. Ele presta atenção nas aulas, entrega todos os trabalhos com antecedência e só tira boas notas. Quando lhe perguntam o que o motiva a ser um bom aluno ele diz que, mesmo quando não gosta de uma matéria, ele se esforça, pois quer ter um bom currículo e acredita que isso será importante para o seu futuro profissional. _____

f) Cristina diz que odeia estudar. Ela só fica conversando durante as aulas, não faz as atividades que são solicitadas, nem estuda em casa. Ela diz que só gosta de ir para a universidade para ver seus amigos e para participar das atividades culturais do campus. _____

Questões: (Se necessário, use o verso da folha para responder as questões.)

1) Dentre os alunos mencionados nos exemplos acima, com qual deles você mais se identifica? Por quê?

2) Se você fosse, por exemplo, como Cristina, o que faria para tentar desenvolver a sua motivação para os estudos?

_____

* Atividade desenvolvida por Ganda & Boruchovitch (2018), com base na literatura da área.

Figura 7 Atividade de regulação motivacional – Terceira parte

ATIVIDADE

Caro aluno,

Responda às seguintes questões*:

a) De modo geral, você se considera um aluno motivado na universidade? Sim ou Não. Por quê?

b) Como você distribui seu tempo para fazer as atividades acadêmicas? (Quanto tempo em média gasta para fazer as tarefas de aprendizagem que mais gosta e as que menos gosta?)

c) Quando não sente vontade de estudar, você utiliza alguma estratégia específica para aumentar sua motivação? Se sim, qual? Se não, o que acha que poderia fazer para ter pensamentos que o ajudassem a se motivar?

Agora, pense em uma atividade acadêmica que não gosta e responda:

d) Por que não se sente motivado para fazer essa atividade?

e) Até que ponto os seus pensamentos sobre essa atividade são reais? (Ex: "Será que a tarefa é tão ruim assim?")

f) O que você pode fazer para mudar seu modo de pensar e agir?

_____

* Questões adaptadas de Trindade (2009).

2.5) Autorregulação da aprendizagem geral

Um trabalho que tenha como meta estimular a autorregulação de modo global deve combinar a instrução de estratégias de aprendizagem cognitivas e metacognitivas, com atividades autorreflexivas e o autorregistro do processo de aprendizado (BEM-BENUTTY, 2008; WOLTERS, 2010). Desse modo, após trabalharmos os conteúdos referentes a cada dimensão da autorregulação, propomos aos alunos a realização de uma atividade que incluísse diversas variáveis estudadas (Figura 8). Além disso, conduzimos os universitários na escrita de um diário de aprendizagem no qual registraram os aspectos mais relevantes do programa para si próprios e como acreditavam que os conteúdos aprendidos poderiam colaborar para o seu futuro profissional.

Figura 8 Atividade de autorregulação geral

ATIVIDADE

Caro aluno,

Atividade para casa tem como objetivo ajudá-lo a observar, registrar e refletir sobre o modo como você estuda. Para isso, pedimos que, por favor, durante as próximas semanas, você utilize o Quadro de Registros de Estudo* para descrever a realização **de duas** de suas atividades acadêmicas. Cada atividade deve ser registrada conforme o que se pede nas colunas. Seguem abaixo orientações para o preenchimento de cada lacuna do quadro e dois exemplos. Caso tenha qualquer dúvida, pode entrar em contato.

Orientações

Data: Anote o dia de realização da atividade.

Atividade: Escreva qual é a atividade ou propósito do seu estudo.

Meta: Descreva exatamente o que pretende fazer.

Lugar: Diga onde irá fazer a atividade ou irá estudar.

Com quem?: Escreva se irá estudar sozinho ou com a companhia de alguém (colega, grupo, parente).

Nível de motivação: Em uma escala de 1 a 5, anote como está sua motivação para fazer a atividade, sendo que 1 é "pouco motivado" e 5 é "muito motivado".

Nível de autoeficácia: Em uma escala de 1 a 5, anote como está sua confiança em conseguir fazer a atividade, sendo que 1 é "pouco confiante" e 5 é "muito confiante".

Tempo estimado: Marque quanto tempo você acha que levará para cumprir sua atividade.

Horário de início: Anote o horário que está começando a fazê-la.

Estratégias de estudo: Escreva quais estratégias usou para fazer a atividade.

Distrações: Diga se teve algum impedimento, se alguma coisa interferiu durante a realização da atividade.

Horário de término: Agora, anote o horário que terminou de fazê-la.

Realização da meta: Para terminar, dê uma nota de 1 a 10 para indicar o quão bem você acha que foi no cumprimento da atividade, sendo que 1 indica que você completou a atividade de maneira muito ruim e 10 indica que você completou muito bem.

Justificativa: A que você atribui a nota que você se deu na realização da meta? Explique brevemente.

Exemplos

Quadro 1 Registro de estudos*

Data	Atividade	Meta	Lugar	Com quem?	Nível de motivação	Nível de autoeficácia	Tempo estimado
09/05	Estudar para a prova de Didática.	Ler o texto teórico.	Em casa.	Sozinha.	3 (meio motivado).	5 (muito confiante).	1h
11/05	Fazer trabalho em grupo – Filosofia.	Mon- tar a apre- senta- ção.	Na biblioteca.	Grupo de colegas.	4 (bem confiante).	2 (só um pouquinho confiante).	1h30m

	Horário de início	Estratégias de estudo	Distrações/ problemas	Horário de término	Realização da meta	Atividade
Continuação do quadro	15:00h	• Fiz a leitura. • Sublinhei. • Fiz anotações durante a leitura.	• Música alta no vizinho. • Atender ao telefone. • Mexer no Facebook.	16:45h	7 (atividade bem realizada em partes).	Estudar para a prova de Didática.
	19:10h	• Separamos as partes de cada aluno. • Fizemos o PowerPoint.	• Conversas paralelas. • Falta de livro.	21:20h	9 (atividade bem realizada).	Fazer trabalho em grupo – Filosofia

* Atividade adaptada, com tradução consentida de Bembenutty e White, 2013.

3) Proposta de intervenção em autorregulação – Sugestões práticas

Ao se planejar um programa que vise promover a autorregulação de alunos universitários (futuros professores) ou de professores em exercício é necessário que, inicialmente, seja feito um levantamento das principais necessidades desses indivíduos. De acordo com as pesquisas da área, com nossos estudos e anos de experiência prática temos observado que, na área educacional, alguns temas têm sido solicitados de modo recorrente, a saber: motivação, ansiedade, gerenciamento de tempo, procrastinação, estratégias de aprendizagem, entre outros (BEMBENUTTY & WHITE, 2013; BORUCHOVITCH & GANDA, 2013; GANDA & BORUCHOVITCH, 2015, 2018; WOLTERS, 2010). Tanto os alunos como os professores e gestores têm se deparado com dificuldades no que concernem ao processo de aprender e de ensinar, em parte relacionadas às práticas de estudo e de ensino ineficazes e à falta de conhecimento sobre temas relacionados à autorregulação da aprendizagem. Desse modo, tendo em vista o estudo e a preparação para a prática, ilustramos a seguir os conteúdos mínimos a serem trabalhados dentro de cada tema e sugestões de textos teóricos complementares (Quadro 2).

Quadro 2 Conteúdos e textos teóricos sugeridos para um programa de intervenção em autorregulação

Temas	Conteúdos
Estratégias de aprendizagem	• Estratégias cognitivas e metacognitivas. • Estratégias para desenvolvimento da leitura e da escrita. • Relação entre o uso de estratégias, aprendizagem e desempenho escolar.

Textos complementares

BORUCHOVITCH, E. (2007). Dificuldades de aprendizagem, problemas motivacionais e estratégias de aprendizagem. In: SISTO, F.F.; BORUCHOVITCH, E.; FINI, L.D.T.; BRENELLI, R.P. & MARTINELLI, S.C. (orgs.). *Dificuldades de aprendizagem no contexto psicopedagógico*. 5. ed. Petrópolis: Vozes, p. 40-59.

BORUCHOVITCH, E.; COSTA, E.R. & NEVES, E.R.C. (2005). Estratégias de aprendizagem: contribuições para a formação de professores nos cursos superiores. In: JOLY, M.C.R.A.; SANTOS, A.A.A. & SISTO, F.F. (orgs.). *Questões do cotidiano universitário*. São Paulo: Casa do Psicólogo, p. 239-260.

GOMES, M.A.M. & BORUCHOVITCH, E. (2005). "Desempenho no jogo, estratégias de aprendizagem e compreensão na leitura". In: *Psicologia: teoria e pesquisa*, 21 (3), p. 319-326.

Regulação emocional	• Sintomas e causas do estresse e da ansiedade. • Ansiedade às provas e situações avaliativas. • Relação entre ansiedade e desempenho. • Estratégias de regulação emocional.

Textos complementares

BORUCHOVITCH, E. & BORTOLETTO, D. (2010). Estratégias de regulação emocional: conceituação e instrumentos de medida. In: SANTOS, A.A.A.; SISTO, F.F.; BORUCHOVITCH, E. & NASCIMENTO, E. (orgs.). *Perspectivas em avaliação psicológica*. São Paulo: Casa do Psicólogo, p. 271-292.

RODRIGUES, D.G. & PELISOLI, C. (2008). "Ansiedade em vestibulandos: um estudo exploratório". In: *Revista Psiquiatria Clínica*, 35 (5), p. 171-177.

SERPA, A.L.O.; SOARES, T.M. & FERNANDES, N.S. (2015). "Variáveis do contexto escolar como preditoras da autoeficácia e ansiedade de estudantes". In: *Avaliação Psicológica*, 14 (2), p. 189-197.

Motivação	• Motivação intrínseca e extrínseca.
	• Diferentes níveis motivacionais.
	• Motivação para aprender e para ensinar.
	• Relação entre motivação docente e desempenho dos alunos.

Textos complementares:

BZUNECK, J.A. (2009). A motivação do aluno: aspectos introdutórios. In: BORU-CHOVITCH, E. & BZUNECK, J.A. (orgs.). *Motivação do aluno:* contribuições da psicologia contemporânea. 4. ed. Petrópolis: Vozes, p. 9-36.

BZUNECK, J.A. (2010). Como motivar os alunos: sugestões práticas. In: BORUCHO-VITCH, E.; BZUNECK; J.A. & GUIMARÃES, S.E.R. (orgs.). *Motivação para aprender:* aplicações no contexto educativo. Vol. 1. Petrópolis: Vozes, 2010, p. 13-42.

BZUNECK, J.A. & GUIMARÃES, S.E.R. (2010). A promoção da autonomia como estratégia motivacional. In: BORUCHOVITCH, E.; BZUNECK, J.A. & GUIMARÃES, S.E.R. (orgs.). *Motivação para aprender.* Vol. 1. Petrópolis: Vozes, p. 13-70.

SÁ, I. (2004). Os componentes motivacionais da aprendizagem autorregulada – A autodeterminação e a orientação para objetivos. In: LOPES DA SILVA, A.; DUARTE, A.M.; SÁ, I. & VEIGA SIMÃO, A.M. (eds.) (2004). *Aprendizagem autorregulada pelo estudante:* perspectivas psicológicas e educacionais. Porto: Porto Ed., p. 55-75.

Autoeficácia	• Autoeficácia do aluno e do professor.
	• Construção da crença de autoeficácia.
	• Relações entre autoeficácia docente, motivação e desempenho.

Textos complementares

AZZI, R.G. & POLYDORO, S.A. (2010). O papel da autoeficácia e autorregulação no processo motivacional. In: BORUCHOVITCH, E.; BZUNECK, J.A. & GUIMARÃES, S.E.R. *Motivação para aprender:* aplicações no contexto educativo. Petropólis: Vozes, p. 126-144.

BZUNECK, J.A. (2004). As crenças de autoeficácia e o seu papel na motivação do aluno. In: BORUCHOVITCH, E. & BZUNECK, J.A. (orgs.). *A motivação do aluno:* contribuições da psicologia contemporânea. Petrópolis: Vozes, p. 116-133.

MEDEIROS, P.C.; LOUREIRO, S.R; LINHARES, M.B.M. & MARTURANO, E.M. (2003). "O senso de autoeficácia e o comportamento orientado para aprendizagem em crianças com queixa de dificuldade de aprendizagem". In: *Estudos de Psicologia*, 8 (1), p. 93-105.

Atribuição de causalidade	• Dimensões da atribuição.
	• Causas atribuicionais, emoções e comportamento.
	• Relação entre atribuição docente e desempenho escolar.

Textos complementares

FIGUEIRA, A.P.C. & LOBO, R.A.C.T. (2012). "A trilogia atribuições causais, concepções pessoais de inteligência e mensagens de *feedback*: um contributo para a compreensão do fracasso escolar". In: *Práxis Educacional*, 8 (13), p. 83-105.

GANDA, D.R. & BORUCHOVITCH, E. (2011). "Avaliação da atribuição de causalidade em contexto educacional". In: BORUCHOVITCH, E.; SANTOS, A.A.A. & NASCIMENTO, E. (orgs.). *Avaliação psicológica nos contextos educativos e psicossocial*. São Paulo: Casa do Psicólogo, p. 181-202.

MARTINI, M. & DEL PRETTE, Z. (2009). "Crenças docentes e implicações para o processo de ensino-aprendizagem". In: *Revista Semestral da Associação Brasileira de Psicologia*, 13 (1), p. 75-85.

_____ (2005). "Atribuições de causalidade e afetividade de alunos de alto e baixo desempenho acadêmico em situações de sucesso e fracasso escolar". In: *Revista Interamericana de Psicologia*, 39 (3), p. 355-368.

Estratégias autoprejudiciais/ gerenciamento do tempo	• Tipos de comportamento autoprejudiciais.
	• Os efeitos da procrastinação.
	• Estratégias de organização e gestão do tempo.
	• Relação entre o uso de estratégias autoprejudiciais, ansiedade/estresse, aprendizagem e desempenho.

Textos complementares

GANDA, D.R. (2011). *Atribuições de causalidade e estratégias autoprejudiciais de alunos de Curso de Formação de Professores*. Campinas Unicamp [Dissertação de mestrado].

GANDA, D.R. & BORUCHOVITCH, E. (2015). "Self-handicapping strategies for learning of preservice teachers". In: *Revista Estudos de Psicologia*, 32 (2), p. 417-425.

RODRÍGUEZ, S.; CABANACH, R.G.; VALLE, A.; NÚÑEZ, J.C. & GONZÁLEZ-PIENDA, J.A. (2004). "Diferencias em el uso del self-handicapping y pesimismo defensivo y sus relaciones com las metas de logro, la autoestima y las estrategias de autorregulación del aprendizaje". *Psicothema*, 16 (4), p. 625-631.

Autorregulação da aprendizagem	• Modelo teórico do ciclo da autorregulação.
	• Variáveis de cada fase: prévia, desempenho e avaliação/autorreflexão.
	• Programas de intervenção para cada etapa do ensino e formação profissional.
	• Atividades de ativação metacognitiva e autorreflexiva.
	• Relação entre autorregulação, aprendizagem e desempenho (contexto escolar e profissional).

Textos complementares

BORUCHOVITCH, E. (2014). "Autorregulação da aprendizagem: contribuições da psicologia educacional para a formação de professores". In: *Psicologia Escolar e Educacional*, 18, p. 401-410.

BORUCHOVITCH, E. & MACHADO, A.C. (2017). "Autorregulação da aprendizagem na formação inicial e continuada de professores – Como intervir para desenvolver?" In: POLYDORO, S. (org.). *Promoção da autorregulação da aprendizagem*: contribuições da teoria social cognitiva. Porto Alegre: Letra1, p. 89-104.

FRISON, L.M.B. & MORAES, M.A.C. (2010). "As práticas de monitoria como possibilitadoras dos processos de autorregulação das aprendizagens discentes". *Poiésis Pedagógica*, 8 (2), p. 144-158.

FRISON, L.M.B. & SIMÃO, A.M.V. (2011). "Abordagem autobiográfica – Narrativas de formação e de autorregulação da aprendizagem reveladas em portfólios reflexivos". In: *Educação*, 34 (2), p. 198-206.

GANDA, D.R. (2016). *A autorregulação da aprendizagem de alunos em curso de formação de professores*: um programa de intervenção. Campinas: Unicamp [Tese de doutorado].

GOMES, M.A.M. & BORUCHOVITCH, E. (2011). "Aprendizagem autorregulada da leitura: resultados positivos de uma intervenção psicopedagógica". *Psicologia*: teoria e pesquisa, 27 (3), p. 291-299.

MACHADO, R.F. & FRISON, L.M.B. (2012). "Autorregulação da aprendizagem: uma aposta na compreensão da leitura". In: *Cadernos de Educação*, 42, p. 168-198.

MAGALHÃES, C.R. (2012). "A autorregulação da aprendizagem em programa institucional de acolhimento e suporte ao aluno universitário: os professores como parceiros". In: *Cadernos de Educação*, 42, p. 143-167.

POLYDORO, S.A.J. & AZZI, R.G. (2009). "Autorregulação da aprendizagem na perspectiva da Teoria Sociocognitiva: introduzindo modelos de investigação e intervenção". In: *Psicologia da Educação*, 29, p. 75-94.

VEIGA SIMÃO, A.M. (2004). "O conhecimento estratégico e a autorregulação da aprendizagem – Implicações em contexto escolar. In: LOPES DA SILVA, A.; DUARTE, A.M.; SÁ, I. & VEIGA SIMÃO, A.M. (eds.) (2004). *Aprendizagem autorregulada pelo estudante*: perspectivas psicológicas e educacionais. Porto: Porto Ed., p. 79-94.

_____ (2002). *Aprendizagem estratégica*: uma aposta na autorregulação. Lisboa: Ministério da Educação.

Além do estudo dos conceitos teóricos e da aplicação prática dos conteúdos, psicólogos escolares, docentes e gestores pedagógicos devem, inclusive, prover atividades de autorreflexão e orientações particulares quanto ao comportamento, às crenças pessoais, às capacidades e às dificuldades de cada indivíduo no seu contexto de trabalho ou de estudo (BRUNSTEIN & GLASER, 2011; KITSANTAS & ZIMMERMAN, 2009). Dinâmicas, discussões em grupo, atividades de ativação metacognitiva, além da construção de *portfólios* e escrita de diários de aprendizagem podem ser muito frutíferas nesse sentido. Inclusive, o leitor poderá ter uma ideia mais completa e detalhada do programa de intervenção desenvolvido na tese de Ganda (2016).

Considerações finais

Embora seja um processo complexo, a autorregulação pode e deve ser ensinada e aprimorada no contexto educacional (ZIMMERMAN & SCHUNK, 2008). Os pesquisadores da área afirmam que, para desenvolver alunos mais autorregulados é necessário ensiná-los e orientá-los quanto ao uso de boas estratégias de aprendizagem em detrimento do uso de estratégias autoprejudiciais. Outro fator importante é mostrar aos estudantes que o seu sucesso acadêmico só será possível se investirem muito esforço e tempo ao estudo, especialmente nas disciplinas e conteúdos de maior grau de dificuldade ou atividades de maior nível de complexidade (BRUNSTEIN & GLASER, 2011; CARTIER; BUTLER & BOUCHARD, 2010).

Revela-se a necessidade de que os cursos de formação de professores preparem os futuros docentes a identificar em si mesmos e, depois, em seus alunos, as crenças e os comportamentos que prejudicam sua aprendizagem, auxiliando-os a fazer uma autorreflexão e a usar estratégias favoráveis ao estudo e à aquisição do conhecimento (BORUCHOVITCH & GANDA, 2013; McKEACHIE & SVINICKI, 2006; VANDERSTOEP & PINTRICH, 2003). Educadores ressaltam que o aprendizado desses universitários tem um efeito multiplicador ao se tornarem professores, pois terão mais conhecimento e experiência para poder auxiliar seus futuros alunos quanto às melhores práticas de estudo (CLEARY, 2011; MIDDLETON; ABRAMS & SEAMAN, 2011). Em sua prática, eles poderão também fazer de suas salas, ambientes promotores de autonomia e criar atividades que despertem a motivação e desenvolvam a autorregulação dos alunos.

Referências

BEMBENUTTY, H. (2008). "The first word: A letter from the guest editor on self-regulation of learning". In: *Journal of Advanced Academics*, 20 (1), p. 6-16.

BEMBENUTTY, H. & WHITE, M.C. (2013). "Academic performance and satisfaction with homework completion among college students". In: *Learning and Individual differences*, 24, p. 83-88.

BORUCHOVITCH, E. (2008). "A motivação para aprender de estudantes em curso de formação de professores". In: *Educação*, 31 (1), p. 30-38.

_____ (2007). "Avaliando a motivação para aprender na escolarização formal". In: *Simpósio Motivação para aprender: conceituação e instrumentos de medida* – Anais do VIII Congresso Nacional de Psicologia Escolar e Educacional. São João Del Rei.

BORUCHOVITCH, E. & GANDA, D.R. (2013). "Fostering self-regulated skills in an educational psychology course for brazilian preservice teachers". In: *Journal of Cognitive Education and Psychology*, 12 (2), p. 157-177.

_____ (nov./2011). *Desenvolvendo a aprendizagem autorregulada de futuros professores*: um estudo preliminar de *follow-up* de uma proposta pedagógica. Campinas [Resumo publicado no III Seminário Inovações em Atividades Curriculares].

_____ (set./2010). *O conhecimento, o conceito e a utilização de estratégias de aprendizagem de estudantes de Pedagogia.* Oviedo, Esp. [Resumo publicado no VII Congresso Iberoamericano de Psicologia].

_____ (nov./2009). *Uma proposta de ensino voltada para o desenvolvimento da aprendizagem autorregulada de futuros professores* [poster apresentado no II Seminário Inovações em Atividades Curriculares. Campinas].

BRUNSTEIN, J.C. & GLASER, C. (2011). "Testing a path-analytic mediation model of how self-regulated writing strategies improve fourth graders' composition skills: A randomized controlled trial". In: *Journal of Educational Psychology*, 103 (4), p. 922-938.

BZUNECK, J.A. (2010). Como motivar os alunos: sugestões práticas. In: BORUCHOVITCH, E.; BZUNECK, J.A. & GUIMARÃES, S.E.R. (orgs.). *Motivação para aprender*: aplicações no contexto educativo. Vol. 1. Petrópolis: Vozes, 2010, p. 13-42.

CARTIER, S.C.; BUTLER, D.L. & BOUCHARD, N. (2010). "Teachers working together to foster self-regulated learning through reading by students in an elementary school located in a disadvantaged area". In: *Psychological Test and Assessment Modeling*, 52 (4), p. 382-418.

CLEARY, T.J. (2011). "Professional development needs and practices among educators and school psychologists". In: *New Directions for teaching and Learning*, 126, p. 77-87.

CLEARY, T.J.; PLATTEN, P. & NELSON, A. (2008). "Effectiveness of the self-regulation empowerment program with urban high school students". In: *Journal of Advanced Academics*, 20 (1), p. 70-107.

COSTA, E.R. & BORUCHOVITCH, E. (2009). "As estratégias de aprendizagem e a produção de textos narrativos". *Psicologia*: Reflexão e Crítica, 22 (2), p. 173-180.

DEMBO, M.H. & SELI, H.P. (2004). "Students' resistance to change in learning strategies courses". In: *Journal of Developmental Education*, 27, p. 2-9.

FERLA, J.; VALCKE, M. & SCHUYTEN, G. (2009). "Student models of learning and their impact in study strategies". In: *Studies in Higher Education*, 34 (2), p. 185-202.

GANDA, D.R. (2016). *A autorregulação da aprendizagem de alunos em curso de formação de professores*: um programa de intervenção. Campinas: Unicamp [Tese de doutorado].

GANDA, D.R. & BORUCHOVITCH, E. (2018). "Promoting self-regulated learning of Brazilian Preservice student Teachers: results of an intervention Program". In: *Frontiers in Education*, 3 (5), p. 1-12.

_____ (2015). "Self-handicapping strategies for learning of preservice teachers". In: *Revista Estudos de Psicologia*, 32 (2), p. 417-425.

GOMES, M.A.M. (2008). *Compreensão autorregulada em leitura*: procedimentos de intervenção. Campinas: Unicamp [Tese de doutorado].

_____ (2002). *Aprendizagem autorregulada em leitura numa perspectiva de jogos de regras*. Campinas: Unicamp [Dissertação de mestrado].

GOMES, M.A.M. & BORUCHOVITCH, E. (2011). "Aprendizagem autorregulada da leitura: resultados positivos de uma intervenção psicopedagógica". In: *Psicologia*: Teoria e Pesquisa, 27 (3), p. 291-299.

KITSANTAS, A. & ZIMMERMAN, B.J. (2009). "College students' homework and academic achievement: the mediating role of self-regulatory beliefs". In: *Metacognition Learning*, 4, p. 97-110.

MARTINI, M. & DEL PRETTE, Z. (2009). "Crenças docentes e implicações para o processo de ensino-aprendizagem". In: *Revista Semestral da Associação Brasileira de Psicologia Escolar e Educacional*, 13, p. 75-85.

_____ (2005). "Atribuições de causalidade e afetividade de alunos de alto e baixo desempenho acadêmico em situações de sucesso e fracasso escolar". In: *Revista Interamericana de Psicologia*, 39 (3), p. 355-368.

McKEACHIE, W.J. & SVINICKI, M. (2006). *Teaching Tips*: Strategies, Research, and Theory for College and University Teachers. 12. ed. Boston, MA: Houghton Mifflin College.

MIDDLETON, M.; ABRAMS, E. & SEAMAN, J. (2011). "Resistance and disidentification in reflective practice with preservice teaching interns". In: *New Directions for Teaching and Learning*, 126, p. 67-75.

RODRÍGUEZ, S.; CABANACH, R.G.; VALLE, A.; NÚÑEZ, J.C. & GONZÁLEZ-PIENDA, J.A. (2004). "Diferencias en el uso del self-handicapping y pesimismo defensivo y sus relaciones con las metas de logro, la autoestima y las estrategias de autorregulación del aprendizaje". In: *Psicothema*, 16 (4), p. 626-632.

SIMPSON, M.L. (2002). "Program evaluation studies: Strategic learning delivery model suggestions". In: *Journal of Developmental Education*, 26 (2), p. 2-11.

TRINDADE, A.F. (2009). *O impacto de uma intervenção na motivação na qualidade da aprendizagem*: uma experiência de caso único. Lisboa: Universidade de Lisboa [Dissertação de mestrado].

VANDERSTOEP, S. & PINTRICH, P. (2003). *Learning to learn*: The skill and will of college success. Upper Saddle River, NJ: Prentice Hall.

WOLTERS, C. (2010). *Self-regulated learning and the 21st century competences*. University of Houston, p. 1-27.

WOOLFSON, L.M. & BRADY, K. (2009). "An investigation of factors impacting on mainstream teachers 'beliefs about teaching students with learning difficulties. In: *Educational Psychology*, 29 (2), p. 221-238.

ZIMMERMAN, B.J. (2002). "Becoming a self-regulated learner: An overview". In: Theory *into Practice*, 41 (2), p. 64-70.

_____ (2000). Attaining self-regulation: A social cognitive perspective. In: BOEKAERTS, M.; PINTRICH, P.R. & ZEIDNER, M. (orgs.). *Handbook of self-regulation*. São Diego: Academic Press, p. 13-39.

ZIMMERMAN, B.J. & SCHUNK, D.H. (2008). Motivation: an essential dimension of self-regulated learning. In: SCHUNK, D.H. & ZIMMERMAN, B.J. (orgs.). *Motivation and self-regulated learning*: Theory, research and applications. MPG Books Group, p. 1-30.

7
Formação continuada de professores
Sugestões práticas para a promoção da autorreflexão e motivação para o aprender

Amélia Carolina Terra Alves Machado
Evely Boruchovitch

Introdução

A motivação para aprender tem sido definida pela literatura como as razões adotadas por um indivíduo que dão início, dirigem e integram o comportamento, antes, durante e depois de uma atividade. Graham e Weiner (1996) argumentam que a motivação humana é originada de crenças individuais que precisam ser reconhecidas e estudadas em profundidade, pois possuem fundamental influência no comportamento humano. Neste sentido, torna-se um tema de interesse para a formação docente, pois se os professores conhecerem seus processos motivacionais poderão se tornar mais compreensivos, reflexivos e analíticos sobre suas próprias crenças e práticas (PARIS & WINOGRAD, 2003; BZUNECK, 2009).

Pesquisas acerca da aprendizagem docente enfatizam majoritariamente as dimensões estruturais (condições de trabalho na escola) e culturais, deixando de lado os fatores psicológicos. Entretanto, o envolvimento dos professores em atividades de aprendizagem profissional, como a experimentação e a reflexão são preditores importantes de melhores práticas de ensino. Além disso, os fatores motivacionais ajudam a mediar os possíveis efeitos das condições organizacionais da escola, bem como de uma prática docente mais eficaz (CHATZISARANTIS & HAGGER, 2009; THOONEN et al., 2011). Nesse sentido, considera-se que o estudo das teorias sociocognitivas da motivação para o aprender é fundamental para a formação docente e, por esta razão, foi conteúdo escolhido para o programa de intervenção desenvolvido para promover a autorreflexão de docentes acerca das teorias sociocognitivas da motivação que será apresentado no presente capítulo.

As teorias motivacionais começaram a ser investigadas profundamente pela Psicologia em meados da década de 1930. Inicialmente a motivação foi atrelada à satisfação das necessidades fisiológicas/orgânicas do indivíduo como fome, sede, sono, entre outras (GRAHAM & WEINER, 1996). Na década de 1960, com os avanços da psicologia cognitiva, o foco do estudo da motivação se volta para os processos cognitivos como as escolhas, o engajamento em atividades, o sucesso e fracasso, e a aprendizagem. Essa mudança de foco possibilitou que ambientes como a escola se tornassem um campo de pesquisa viável para estudos motivacionais (GRAHAM & WEINER, 1996).

Atualmente existem diferentes teorias que investigam o fenômeno motivacional. Grande parte delas analisa os aspectos relacionados às cognições, às diferenças individuais e às influências socioculturais sobre a motivação (GRAHAM & WEINER, 1996; BORUCHOVITCH, 2008). Segundo Bzuneck (2009), tais teorias exploram, de modo geral, o valor psicológico atribuído pelas pessoas às suas metas e às expectativas em alcançá-las.

Apesar de as teorias motivacionais contemporâneas terem surgido a partir de diferentes tradições intelectuais, Eccles e Wigfield (2002) agruparam-nas em três categorias principais. A primeira reúne as teorias que discutem as crenças de competência e expectativa de sucesso. A segunda engloba aquelas que trabalham com o conceito de expectativa e valor. Já a terceira, aborda as teorias que buscam explicar porque um indivíduo se envolve em uma determinada atividade.

A Teoria de Autoeficácia, proposta por Bandura (1997), focaliza o papel das percepções de eficácia na ação humana. A autoeficácia é definida como a confiança individual nas habilidades pessoais para organizar e direcionar ações para resolver um problema ou realizar uma tarefa específica. Refere-se ao julgamento do indivíduo sobre suas próprias capacidades de realizar bem uma determinada atividade.

A Teoria da Atribuição pressupõe que o homem é motivado para descobrir as causas dos eventos que lhe acontecem e entender seu ambiente. Procurando compreender as inúmeras explicações que os indivíduos utilizam frente a uma situação, Weiner (1979) identificou o esforço, a dificuldade da tarefa, a capacidade e a sorte como as mais importantes atribuições feitas pelos indivíduos às causas dos seus resultados obtidos em tarefas, no contexto educativo. O autor defende que as causas possuem três dimensões: o *locus* de causalidade (interno ou externo), a estabilidade (instável ou estável) e a controlabilidade (controlável ou incontrolável) (GRAHAM & WEINER, 2012). É importante ressaltar que a atribuição causal é um processo subjetivo, ou seja, a interpretação dos resultados e de suas causas depende das vivências, crenças e trajetória pessoal de cada indivíduo entre outros fatores.

No que concerne ao *locus* de causalidade, as causas são relacionadas a fatores internos ou externos. Causas como esforço, habilidade, humor, fadiga e doença são tidas como fatores internos. Já a ação do professor, a dificuldade da tarefa e ajuda de outros como externas. A dimensão estabilidade da causa diz respeito as causas serem estáveis (invariantes) ou instáveis (variantes). Assim, a habilidade, o esforço, a opinião do professor, família, dificuldade da tarefa podem ser vistos como relativamente estáveis enquanto que humor, fadiga, doenças, ajuda de outros e sorte podem ser consideradas, em linhas gerais, como mais instáveis. A dimensão controlabilidade da causa se refere à possibilidade de a causa atribuída ser passível de controle ou não pelo sujeito. Causas como habilidade, dificuldade da tarefa, sorte, viés do professor e ajuda dos outros tenderiam mais a ser vistas como incontroláveis pela pessoa. Já o esforço pode ser interpretado como controlável. As atribuições causais influenciam a motivação do aluno para o aprender e suas expectativas futuras de sucesso e fracasso. A Teoria de Atribuição de Causalidade é de grande relevância para a Educação e para os professores. É fundamental que os cursos de formação docente procurem conhecer e ensinar como aplicar seus princípios teóricos em sala de aula.

A Teoria de Metas de Realização procura explicar a motivação para aprender, focalizando o aspecto qualitativo do envolvimento do aluno em seu processo de aprendizagem (AMES, 1992; BZUNECK, 2009). No contexto escolar, as pesquisas com base nessa teoria buscam compreender como os estudantes pensam em si próprios, nas suas tarefas e no seu desempenho. Diferentes pesquisadores, tais como Elliot e Dweck (1988) e Ames (1992) denominaram estas categorias de metas de acordo com a conveniência de suas perspectivas teóricas, tendo em comum quatro explicações para as razões de envolvimento: para aprender (meta domínio ou tarefa), para parecer capaz (meta *performance*-aproximação), para evitar a demonstração de falta de capacidade (meta *performance*--evitação) e para evitar o esforço. A descrição mais detalhada de cada meta poderá ser vista nos *slides* da próxima seção.

Focados no *constructo* motivação intrínseca, os proponentes da Teoria da Autodeterminação (TAD) questionam a dicotomia da motivação intrínseca *versus* extrínseca, propondo um *continuum* de desenvolvimento da autodeterminação. Proposta por Richard Deci e Edward Ryan (2000), a premissa fundamental dessa teoria é que os seres humanos são agentes orientados para o crescimento, naturalmente inclinados para a integração de seus elementos físicos – em um senso unificado de *self* – e capazes de se adequarem a uma estrutura social. Sendo a TAD uma macroteoria da motivação humana (REEVE; DECI & RYAN, 2004), foram elaboradas a partir dela seis miniteorias: 1) Teoria das Necessidades Básicas; 2) Teoria da Integração Organísmica; 3) Teoria da Avaliação Cognitiva;

4) Teoria das Orientações de Causalidade; 5) Teoria do Conteúdo das Metas; e 6) Teoria Motivacional dos Relacionamentos.

Aliada às teorias motivacionais, a autorregulação da aprendizagem é um tema que tem ganhado relevância no cenário educacional nacional e no internacional, já que, na sociedade atual, é cada vez mais iminente a necessidade de se aprender constantemente ao longo da vida para além dos saberes acadêmicos. Nesse contexto, é fundamental que o indivíduo conheça os princípios que orientam sua aprendizagem, a fim de que, em cada nova situação, ele seja mais capaz de monitorar, avaliar e ajustar sua *performance* (ZIMMERMAN, 2002). A autorregulação é definida como a competência de o indivíduo autogerir pensamentos, sentimentos e ações que são planejadas e ciclicamente adaptadas para a obtenção de metas e de objetivos pessoais (ZIMMERMAN, 2002).

O modelo proposto por Zimmerman (2002) da autorregulação da aprendizagem prevê um processo de três fases cíclicas: a fase de previsão; de controle volicional e da autorregulação propriamente dita. A fase de antecipação ou previsão envolve processos de análise de tarefas e fontes de automotivação e autoeficácia. A de controle volicional inclui processos de autocontrole, metacognição e monitoramento. A última fase se refere aos processos autorreflexivos, que seria o momento em que o aluno analisa os resultados das tarefas, elabora julgamentos autoavaliativos e ajusta, caso seja necessário, suas estratégias para aprender. De acordo com Zimmerman (2011) a motivação para aprender é considerada uma variável fundamental para a autorregulação da aprendizagem, pois ela é necessária para iniciar e manter o ciclo autorregulatório.

O professor, quando aprende a autorregular sua aprendizagem, desenvolve competências, tornando-se mais capaz e autônomo. Os processos pessoais, profissionais, relacionais, ativados pela autorreflexão, ofereceram-lhe a possibilidade de encontrar significado e sentido em distintas situações, fomentando a autorregulação do pensar sobre e do aprender a aprender (FRISON & SIMÃO, 2013; BORUCHOVITCH, 2014). Nesse sentido, a autorreflexão envolve a análise profunda de crenças, valores, expectativas, pressupostos e condições culturais que permeiam as decisões do indivíduo, sendo o ato de conhecer a si mesmo condição necessária para entender o outro (LARIVEE & COOPER, 2006; MINOTT, 2011; MIDDLE-TON; ABRAMS & SEAMAN, 2011). Em decorrência, as práticas autorreflexivas permitem aos indivíduos monitorarem, avaliarem e ajustarem seus desempenhos durante as próprias atividades. Larrosa (2000) afirma que a autorreflexão seria uma forma de construção e mediação pedagógica em que a própria pessoa, promovendo questionamentos para si mesma, pode problematizar, explicitar e, eventualmente, modificar as próprias posturas, tanto em relação à sua atividade profissional quanto, e principalmente, a si mesma.

Assim, pretende-se neste capítulo apresentar sugestões de práticas autorreflexivas acerca das teorias sociocognitivas da motivação que podem ser utilizadas em cursos de formação de professores, bem como por professores em suas salas de aula.

A construção do curso

O programa de intervenção autorreflexivo em teorias sociocognitivas da motivação (MACHADO & BORUCHOVITCH, 2014) foi desenvolvido para uma pesquisa de doutorado realizada na Unicamp. A partir da necessidade identificada pela pesquisadora e pela carência de estudos deste tipo na área educacional, foram elaboradas algumas ações para que o programa se efetivasse.

Após o contato com a Secretaria de Educação de Itatiba, foi oferecido uma formação psicopedagógica em teorias sociocognitivas da motivação em um encontro para coordenadores ou diretores de escolas do Ensino Fundamental de Itatiba. Nesse encontro, primeiramente, foi aplicado um questionário para levantamento das opiniões dos diretores e dos coordenadores acerca da motivação docente para o ensino e de fatores que influenciam na promoção de condições favoráveis ao desenvolvimento da motivação dos alunos em sala de aula. Foi também questionado aos participantes do encontro sobre o interesse em receber, em suas escolas, um curso de formação continuada de caráter autorreflexivo para os professores acerca da temática motivação para aprendizagem. Nesse encontro foi feita uma apresentação sobre as teorias sociocognitivas da motivação e proposto a discussão em grupo de algumas questões relacionadas ao tema. A partir dos dados obtidos com os diretores e os coordenadores, sobre o interesse em participar do curso "Como motivar estudantes no contexto escolar", foram selecionadas duas escolas para o desenvolvimento da pesquisa. Os dados levantados nesta etapa foram considerados para a elaboração do plano do curso.

O segundo passo foi a criação de uma plataforma *moodle* em parceria com a prefeitura para a oferta de atividades online. Uma vez que o site estava criado, a pesquisadora criou o perfil dos usuários e organizou o *layout* do curso.

O conteúdo ofertado foi selecionado considerando a relevância das teorias motivacionais e sua aplicabilidade ao contexto escolar, além das sugestões obtidas junto aos diretores e coordenadores das escolas de Itatiba. Desta forma, os conteúdos escolhidos encontram-se no Quadro 1.

Quadro 1 Conteúdos abordados ao longo do curso

- Significado do termo motivação na psicologia.
- Usos do senso comum e aplicação do termo à educação.
- A abordagem da motivação intrínseca e extrínseca.
- Como motivar o aluno de acordo com o modelo da Teoria de Metas? Em direção à orientação da meta domínio.
- Como motivar o aluno de acordo com o modelo da Teoria da Autodeterminação?
- Como motivar o aluno de acordo com a perspectiva das crenças de autoeficácia?
- Como motivar o aluno de acordo com a Teoria da Atribuição de Causalidade?
- Como fortalecer os recursos internos dos alunos e sua motivação para a aprendizagem por meio de estratégias motivacionais?
- Como identificar os principais problemas motivacionais de alunos?

Uma vez definido os conteúdos, fez-se a organização de módulos que seriam ofertados. Desta forma, o curso teve a duração de doze semanas, com um encontro presencial quinzenal de duas horas, além de duas horas de atividades semanais realizadas em uma plataforma virtual *(moodle)*. A proposta metodológica incluiu atividades de caráter autorreflexivo, tais como apresentação de casos críticos, relatos de situações de aprendizagem vivenciadas; exposição de conteúdos teóricos, tanto motivacionais quanto autorreflexivos; aplicação, à prática pedagógica, dos conteúdos aprendidos; autorreflexão e elaboração de diários de aprendizagem. No que concerne à dinâmica do curso, cada módulo teve início com uma atividade de caráter autorreflexivo, seguida de apresentação de conteúdos teóricos, sendo encerrado com uma atividade de aplicação prática do conteúdo aprendido.

A promoção de um perfil autorreflexivo do professor em exercício tornou-se uma caraterística-chave do programa, já que práticas autorreflexivas permitem aos indivíduos monitorarem, avaliarem e ajustarem seus desempenhos durante as próprias atividades.

Como promover a autorreflexão de professores em exercício?

A seguir serão descritas atividades que foram desenvolvidas durante a intervenção apresentada anteriormente e que poderão ser úteis para futuros programas de formação inicial e continuada de docentes.

Tipos de atividades

As atividades desenvolvidas no curso tiveram uma estrutura sequencial composta de uma atividade autorreflexiva inicial, apresentação teórica e atividade autorreflexiva sobre o tema, presenciais e virtuais, em dupla vertente que permitia ao participante refletir sobre sua ação enquanto aluno e também como professor. Na plataforma online ainda havia um espaço chamado diário virtual para que os participantes pudessem descrever semanalmente suas experiências, casos, e situações vivenciadas na docência e ao longo do curso.

A seguir, serão disponibilizadas algumas sugestões de conteúdo e de questões reflexivas que podem ser utilizadas em cursos de formação inicial ou continuada; de capacitação em serviço e em atividades de planejamento escolar, por professores, coordenadores pedagógicos e ou gestores escolares, como foi realizado no procedimento de intervenção da pesquisa relatada (BORUCHOVITCH & MACHADO, 2017; MACHADO, 2017).

A estrutura proposta para intervir nestes temas permite que os docentes participantes constantemente se coloquem em situações de reflexão e de tomada de decisão, tanto em relação a sua prática como no papel de estudante que sempre devem estar também. (DEMBO, 2001; SANTOS & BORUCHOVITCH, 2009). A aplicação deste modelo exige que o formador tenha domínio do conteúdo motivacional, bem como de práticas que promovam a autorreflexão.

Sugestões práticas para formadores sobre temas relacionados às teorias sociocognitivas da motivação

O que é motivação? Tipos de motivação

A motivação pode ser definida como aquilo que move uma pessoa ou que a põe em ação ou a faz mudar de curso (BZUNECK, 2009).

Considerando a proposta do curso, para se intervir no tema "o significado de motivação e suas tipificações" sugere-se trabalhar incialmente com o conceito de motivação e seus tipos, extrínseca e intrínseca.

Um indivíduo motivado intrinsecamente se envolve em uma atividade pelo prazer de realizá-la, enquanto que aquele motivado extrinsecamente o faz pela possibilidade de obter algum tipo de recompensa ou para escapar de situação desagradável ou não desejável.

Como fazer?

1º momento

No início da sessão de intervenção sugere-se que os participantes reflitam e escrevam em um caderno (diário de campo) uma resposta à questão: O que lhe motiva a continuar estudando? Em seguida, promove-se uma discussão aberta em grupo tendo como norteador tal pergunta. A discussão servirá para que o formador conheça o quanto os participantes sabem sobre o conteúdo a ser exposto, bem como para identificar que tipo de motivação prevalece no grupo em questão.

2º momento

Depois de conhecer um pouco mais sobre os participantes a apresentação teórica pode ser realizada por meio dos recursos que o formador considerar necessário. O uso de *slides* pode facilitar a exposição do conteúdo, trazendo informações pontuais para o formador desenvolver com a turma conforme o exemplo abaixo.

O que é motivar?	Retrospecto teórico
• Motivação é aquilo que move uma pessoa a realizar uma determinada ação (BZUNECK, 2004). • Os estudos sobre a motivação procuram compreender por que as pessoas pensam ou agem de determinadas maneiras.	• O que direciona o comportamento humano? • Início: modelos mecanicistas. • Década de 1970: pesquisas da psicologia cognitiva e sociocognitiva. • O contexto acadêmico assume um destaque para estudos sobre motivação.

- É necessário que se faça uma diferenciação entre interesse e motivação. As coisas que interessam, e por isso prendem a atenção, podem ser várias, mas talvez nenhuma possua a força suficiente para conduzir à ação, a qual exige esforço de um motivo determinante da nossa vontade.
- O interesse mantém a atenção, no sentido de um valor que deseja. O motivo, porém, se tem energia suficiente, vence as resistências que dificultam a execução do ato.

Teoria da Motivação Intrínseca e Extrínseca

- Motivação intrínseca: a pessoa se envolve na tarefa pela satisfação pessoal.
- Motivação extrínseca: envolvimento mediante algum estímulo externo.
- O ambiente escolar favorece que tipo de motivação?
- Fatores contextuais que os professores podem utilizar para melhorar a motivação:
  - níveis de dificuldade;
  - curiosidade;
  - senso de controle.

Ao mesmo tempo, devem ser feitas perguntas aos participantes sobre o entendimento do tema ou sobre possíveis casos que gostariam de compartilhar. Esse momento deve durar entre 30-45 minutos e o formador deve sempre estar atento se houve compreensão dos aspectos teóricos pelos participantes. Seria interessante solicitar que os participantes refletissem acerca de como os conceitos apresentados poderiam ser utilizados por eles em suas atividades pessoais, ou em sua prática docente.

3º momento

O terceiro momento prevê que o participante responda a uma questão refletindo sobre sua prática enquanto docente. Para este módulo sugere-se a seguinte questão: *Garantir que os estudantes não fiquem entediados com atividades fáceis demais ou desistam por considerarem a atividade acima de suas capacidades. Nas tarefas escolares o desafio deve estar presente a fim de fortalecer a motivação intrínseca dos alunos. Dessa forma, por favor, elabore uma atividade* escolar sobre qualquer área de conhecimento utilizando o desafio como característica. Caso prefira, você poderá descrever uma atividade em que já utilizou o desafio e obteve sucesso com seus alunos.

As respostas podem ser redigidas no caderno e depois compartilhadas com o grupo todo. O formador mediará essa discussão.

Após a etapa presencial, se for possível, poderá ser feito um complemento da carga horária em plataformas virtuais, assim como descrito na pesquisa relatada neste capítulo. No caso deste módulo sugere-se como atividade online, pelo menos: *Assistir ao vídeo* Aprender a aprender [*disponível em http://www.youtube.com/watch?v=Pz4vQM_EmzI*] *e responder:*

- Se você fosse o aluno retratado no vídeo, escreva quais ações tomadas pelo professor que fariam com que você não desistisse da tarefa.

- Você pode reconhecer no aluno do vídeo atitudes semelhantes às suas quando está realizando uma tarefa nova? Se sim, comente sobre elas.

É importante ressaltar que as atividades devem manter a estrutura reflexiva e a dupla vertente, professor enquanto aluno e como profissional. Nas sessões subsequentes é interessante que o formador comece o encontro retomando as atividades anteriores, dando *feedback* às respostas dos participantes referentes às tarefas solicitadas.

Para aprofundamento sugere-se a leitura de livros sobre o tema, como o de Bzuneck e Boruchovitch (2009), *A motivação do aluno: contribuições da psicologia contemporânea*, e do artigo de Frison e Simão (2013), "Autorregulação da aprendizagem: abordagens teóricas e desafios para as práticas em contextos educativos".

A motivação na perspectiva da Teoria de Metas

A Teoria de Metas é outra importante teoria que procura responder à questão de por que realizar determinada atividade. Entre os conteúdos abordados acerca desta teoria devem estar os tipos de metas adotadas pelos estudantes e suas consequências para o processo acadêmico e de certa forma para a vida.

Quando os estudantes adotam a meta tarefa, também chamada de meta domínio ou meta aprender, preocupam-se em aprender e dominar os conteúdos e não comparam seus desempenhos com os desempenhos de outros, mas sim com eles mesmos.

Como fazer?

1º momento

Como atividade inicial sugere-se que seja solicitado aos participantes que escrevam, em seus cadernos, metas de aprendizagem que gostariam de adotar no período de 15 dias. Além disso, terão de escrever as medidas que deverão tomar para alcançar tais metas. A atividade poderia ser proposta da seguinte maneira: *Enquanto professores, temos a tarefa de nos mantermos atualizados e aperfeiçoarmos nosso conhecimento continuadamente. Dessa forma, escreva quais são suas metas de aprendizagem para os próximos 15 dias. Como você pretende alcançá-las?*

2º momento

A partir da discussão da atividade do primeiro momento, pode-se iniciar, por meio de uma apresentação de *slides*, a discussão da teoria de metas: meta domínio/aprender, meta *performance* aproximação, meta *performance* evitação e meta de alienação acadêmica. O formador poderá utilizar a estrutura que segue abaixo, ou qualquer outro meio que julgar mais apropriado para sua turma.

Teoria de metas
Ames (1984), Dweck e Leggett (1988), Nicholls (1984)
- Existem metas implícitas para todas as tarefas.
- Meta domínio.
- Meta *performance*: aproximação e evitação.
- Evitação de trabalho.

Teoria de metas
Meta aprender
- Preocupam-se em aprender e dominar os conteúdos.
- Tendem a não comparar seus desempenhos com os de outros, mas sim com eles mesmos.
- Em situações de fracasso:
  - atribuição à falta de esforço;
  - não desistem frente a situações difíceis;
  - optam por desafios de nível moderado;
  - utilizam estratégias de processamento cognitivo profundo;
  - são motivados mais intrinsecamente, comparados a estudantes que adotaram outros tipos de meta.

Teoria de metas
Meta performance
- Interesse em maximizar avaliações favoráveis às suas capacidades e minimizar as avaliações negativas sobre suas competências.
- Sucesso é parecer inteligente, brilhar e afastar ao máximo a ideia de fracasso.
- O fracasso está atrelado a:
  - falta de capacidade;
  - usar estratégias de aprendizagem superficiais;
  - ter preferências por tarefas mais fáceis, que asseguram o sucesso ou minimizam os riscos do fracasso.
- Meta *performance*-aproximação: o aluno busca aparecer como mais capaz ou como dotado de boa inteligência.
- Meta *performance*-evitação: o foco de preocupação é evitar aparecer como incompetente, menos dotado ou fracassado.

Teoria de metas
Meta evitação do trabalho ou de alienação acadêmica
- Preocupação em obter sucesso com o emprego de mínimo esforço.
- Não valorizam o esforço nem tampouco se preocupam em investir muita energia em uma atividade, pois sua autoestima e seus interesses estão voltados ou alimentados em outros contextos.

3º momento

Para finalizar a sessão o formador poderia propor a seguinte tarefa: *Considerando o conteúdo apresentado e a reflexão realizada inicialmente, elabore um quadro de metas para uma atividade em sala de aula.*

Em seguida o formador poderá promover um debate entre os professores sobre como poderiam aplicar os princípios teóricos em suas atividades como docente e enquanto estudantes dos cursos de capacitação que frequentemente realizam.

Já para a plataforma virtual, ou se o formador desejar utilizar presencialmente, propõe-se esta questão autorreflexiva: *Planejar os dias de estudo parece uma atividade simples, mas nem sempre é fácil cumprir o que planejamos. Analisando sua vida de estudante, em situação de participante em atividades de capacitação, quando você se propõe a fazer uma tarefa que foi solicitada, responda às seguintes questões:*

- *Você procura elaborar metas para o cumprimento dessas atividades?*
- *Se o tempo necessário para executá-la for superior ao que você planejou, como reage a isso?*

É importante o formador reforçar, sempre que puder, que essas teorias são fundamentais para o aperfeiçoamento do processo ensino-aprendizagem e por consequência para o sucesso escolar e acadêmico. Para aprofundamento nesse tema sugere-se a leitura dos artigos "Envolvimento cognitivo de universitários em relação à motivação contextualizada", de Accorsi, Bzuneck e Guimarães (2007), e "Escala de avaliação das metas de realização: estudo preliminar de validação", de Zenorini, Santos e Bueno (2003).

Até aqui foram apresentadas sugestões de atividades para formação de professores em conteúdos introdutórios à motivação para o aprender e na Teoria de Metas. Maiores detalhes sobre atividades práticas para formação de professores em outras teorias motivacionais em abordagem autorreflexiva podem ser encontrados em Machado (2017).

Cabe mencionar ainda que na pesquisa realizada por Machado (2017) ao longo das intervenções e conforme as tarefas eram realizadas, foi possível notar que os professores aderiram à dinâmica e passaram a exercitá-la em seus diários e tarefas, evidenciando exemplos tanto em suas práticas de estudo quanto junto aos seus alunos, conforme pode ser observado nos depoimentos de alguns professores:

> *O curso contribuiu com meu aprendizado mostrando que a aprendizagem, quando é do interesse do estudante, pode ser mais aproveitada se houverem atividades enriquecedoras e ou desafiadoras (Professora 4).*

De modo geral, o programa foi avaliado de maneira positiva, tanto nos encontros presenciais como nas tarefas online, evidenciando não só a importância da abordagem autorreflexiva aliada aos conteúdos teóricos, mas também que esta estrutura pode ser um procedimento a ser utilizado em outras situações de formação de professores e alunos.

> *Como estudante eu pude refletir melhor antes de iniciar um curso. Refletir sobre o que vou aprender e o quanto isso poderá contribuir para o meu conhecimento. Dessa forma, quando começo o curso já me sinto motivada (animada) para aprender (Professora 7).*

Considerações finais

> *Quando novos professores adquirirem uma compreensão da natureza social e situacional da aprendizagem, e apreciarem a importância dos seus próprios contextos, do hábito de refletir sobre suas próprias experiências, e da vontade de questionar suas próprias suposições e crenças, então eles estarão mais preparados para criar os tipos de ambien-*

tes de aprendizagem em que os estudantes possam aprender as lições que realmente importam (PARIS & WINOGRAD, 2003).

O objetivo deste capítulo foi apresentar exemplos de atividades que podem ser desenvolvidas com docentes no intuito de fomentar a discussão sobre alguns aspectos da autorregulação da aprendizagem tendo como fundamento as teorias sociocognitivas da motivação.

Atualmente existem diversos modelos de intervenção na literatura internacional que podem ser utilizados junto a professores; no entanto, Paris e Paris (2001) argumentam que os mais eficazes são aqueles que dão ênfase ao trabalho em grupo, a discussões sobre práticas, autorreflexões sobre o processo de aprendizagem e ao uso de estratégias metacognitivas. O programa ora apresentado levou em conta na sua construção os pontos destacados por Paris e Paris (2001). É, pois, uma das inúmeras possibilidades que poderão ser desenvolvidas para a melhoria da formação docente no Brasil, onde ainda se verifica a escassez de estudos dessa natureza (BORUCHOVITCH & MACHADO, 2017).

Sugere-se que futuras atividades de formação e capacitação docente procurem conscientizar os docentes acerca de abordagens alternativas para o ensino, buscando formas de promover a sua autorrealização por meio da autorreflexão e do autodesenvolvimento. Além disso, é necessário que as novas iniciativas considerem, quando possível, o uso das ferramentas virtuais, como uma forma eficaz de facilitar e ampliar o processo de formação continuada.

Referências

ACCORSI, D.M.P.; BZUNECK, J.A. & GUIMARÃES, S.E.R. (2007). "Envolvimento cognitivo de universitários em relação à motivação contextualizada". In: *PsicoUSF*, 12 (2), p. 291-300.

AMES, C. (1992). "Classrooms: Goals, structures, and student motivation". In: *Journal of Educational Psychology*, 84, p. 261-271.

BANDURA, A. (1997). *Self-efficacy*: the exercise of control. Nova York: Freeman.

BANDURA, A.; AZZI, R.G. & POLYDORO, S.A. (2008). *Teoria social cognitiva*: conceitos básicos. Porto Alegre: Artmed.

BORUCHOVITCH, E. (2014). "Autorregulação da aprendizagem: contribuições da psicologia educacional para a formação de professores". In: *Revista Quadrimestral da Associação Brasileira de Psicologia Escolar e Educacional*, 18 (3), p. 401-409.

_____ (2008). "A motivação para aprender de estudantes em cursos de formação de professores". In: *Educação*, 31 (1), p. 30-38. Porto Alegre.

BORUCHOVITCH, E. & MACHADO, A.C.T.A. (2017). Autorregulação da aprendizagem na formação inicial e continuada de professores – Como intervir para desenvolver? In: POLYDORO, S. (org.). *Promoção da autorregulação da aprendizagem* – Contribuições da Teoria Social Cognitiva. Porto Alegre: Letra 1, p. 89-104.

BRANDÃO, C. (2003). *A pergunta a várias mãos* – A experiência da pesquisa no trabalho do educador. São Paulo: Cortez.

BRASIL/Ministério da Educação (2015). *Formação continuada para professores* [Disponível em http://mecsrv125.mec.gov.br/index.php?option= com_content&view=article&id=18838&Itemid=842 – Acesso em 03/03/2015].

BUSNELLO, F.B.; JOU, G.I. & SPERB, T.M. (2012). "Desenvolvimento de habilidades metacognitivas: capacitação de professores de Ensino Fundamental". In: *Psicologia:* Reflexão Crítica, 25 (2), p. 311-319. Porto Alegre.

BZUNECK, J.A. (2009). "A motivação do aluno: aspectos introdutórios". In: BORUCHOVITCH, E. & BZUNECK, J.A. (orgs.). *A motivação do aluno*: contribuições da Psicologia contemporânea. 4. ed. Petrópolis: Vozes.

BZUNECK, J.A. & GUIMARÃES, S.E.R. (2007). "Estilos de professores na promoção da motivação intrínseca: reformulação e validação de instrumento". *Psicologia*: Teoria e Pesquisa, 23 (4), p. 415-421. Brasília.

CHATZISARANTIS, N.L. & HAGGER, M.S. (2009). "Effects of an intervention based on self-determination theory on self-reported leisure-time physical activity participation". *Psychology and Health*, 24, p. 29-48.

CHEON, S.H. & MOON, I.S. (2010). "Implementing an autonomy-supportive fitness program to facilitate students' autonomy and engagement". In: *Korean Journal of Sport Psychology*, 21 (1), p. 175-195.

CHO, Y.J. & SHIM, S.S. (2013). "Predicting teachers' achievement goals for teaching: The role of perceived school goal structure and teachers' sense of efficacy". In: *Teaching and Teacher Education*, 32, p. 12-21.

CUNHA, N.A. & BORUCHOVITCH, E. (2016). "Percepção e conhecimento de futuros professores sobre seus processos de aprendizagem". In: *Pró-Posições*, 27, p. 31-56.

DECI, E.L. & RYAN, R.M. (2000). "The 'what' and 'why' of goal pursuits: human needs and self-determination of behavior". *Psychological Inquiry*, 11 (4), p. 227-268.

DEMBO, M.H. (2001). "Learning to teach is not enough: Future teachers also need to learn to learn". In: *Teacher Education Quaterly*, 28 (4), p. 23-35.

ECCLES, S.J. & WIGFIELD, A. (2002). "Motivational beliefs, values, and goals". In: *Annual Review of Psychology*, 53, p. 109-132.

ELLIOTT, E.S. & DWECK, C.S. (1988). "Goals: an approach to motivation and achievement". In: *Journal of Personality and Social Psychology*, 54 (1), p. 5.

ELLIOT, A.J. & McGREGOR, H.A. (2001). "A 2x2 achievement goal framework". In: *Journal of Personality and Social Psychology*, 80 (3), p. 501.

FRISON, L.M.L. & SIMÃO, A.M.V. (2011). "Abordagem (auto)biográfica – Narrativas de formação e de autorregulação da aprendizagem reveladas em portfólios reflexivos". In: *Educação*, 34 (2), p. 198-206.

GRAHAM, S. & WEINER, B. (2012). Motivation: past, present, and future. In: HARRIS, K.R.; GRAHAM, S. & URDAN, T. (orgs.). *APA Educational Psychology Handbook*: Theories, Constructs, and Critical Issues, 1, p. 367-397.

_____ (1996). Theories e Principles of motivation. In: BERLINER, D.C. & CALFEE, R.C. (orgs.). *Handbook of Educational Psychology*. Nova York: Simon & Schuster Macmillan, p. 63-84.

HEIDER, F. (1958). *The psychology of interpersonal relations*. Psychology Press.

HIGGINS, E.T. (1997). "Beyond pleasure and pain". In: *American Psychologist*, 52 (12), p. 1.280.

IMBERNÓN, F. (2010). *Formação continuada de professores*. Porto Alegre: Artmed.

JANG, H. (2008). "Supporting students' motivation, engagement, and learning during an uninteresting activity". In: *Journal of Educational Psychology*, 100 (4), p. 798.

KULINNA, P.H. (2007). "Teachers' attributions and strategies for student misbehavior". In: *The Journal of Classroom Interaction*, 42 (2), p. 21-30.

LARIVEE, B. & COOPER, J.M. (2006). *An Educator's guide to teacher reflection*. 6. ed. Virgínia: Houghton Mifflin College.

LARROSA, J. (1994). Tecnologias do eu e educação. In: SILVA, T.T. *O sujeito da educação*. Petrópolis: Vozes, p. 35-86.

MACHADO, A.C.T.A. (2017). *Como motivar estudantes* – A eficácia de um programa autorreflexivo desenvolvido para a capacitação de professores em teorias sociocognitivas da motivação. Campinas: Unicamp [Tese de doutorado].

MACHADO, A.C.T.A & BORUCHOVITCH, E. (2014). *Como motivar estudantes* – Uma proposta de intervenção autorreflexiva para a capacitação de professores em teorias sociocognitvas da motivação [Programa de Capacitação].

MANSFIELD, C.; WOSNITZA, M. & BELTMAN, S. (2012). "Goals for Teaching: Towards a Framework for Examining Motivation of Graduating Teachers". In: *Australian Journal of Educational & Developmental Psychology*, 12, p. 21-34.

McLACHLAN, S. & HAGGER, M.S. (2010). "Effects of an autonomy-supportive intervention on tutor behaviors in a higher education context". In: *Teaching and Teacher Education*, 26 (5), p. 1.204-1.210.

MEECE, J.L. et al. (2006). "Classroom goal structure, student motivation, and academic achievement". In: *Annual Review of Psychology*, 57, p. 487-503.

MIDDLETON, M.; ABRAMS, E. & SEAMAN, J. (2011). "Resistance and Disidentification in Reflective Practice with Preservice Teaching Interns". In: *New Directions for Teaching and Learning*, 126, p. 67-75.

MINOTT, M.A. (2011). "The Impact of a course in reflective teaching on student teachers at a local university college". In: *Canadian Journal of Education*, 34 (2), p. 131-147.

NICHOLLS, J.G. et al. (1990). "Students' theories about mathematics and their mathematical knowledge: Multiple dimensions of assessment". In: *Assessing Higher order Thinking in Mathematics*, 21 (2), p. 137-154.

PARIS, S.G. & PARIS, A.H. (2001). "Classroom Applications of Research on Self Regulated Learning". In: *Self- Educational Psychologist*, 36 (2), p. 89-101.

PARIS, S.G. & WINOGRAD, P. (2003). *The Role of Self-Regulated Learning in Contextual Teaching*: Principles and Practices for Teacher Preparation [Disponivel em http://www.ciera.org/library/archive/2001-04/0104prwn. pdf – Acesso em 10/02/2015].

PINTRICH, P.R. (2000). The role of goal orientation in self-regulated learning. In: BOEKAERTS, M.; PINTRICH, P.R. & ZEIDNER, M. *Handbook of self-regulation*. São Diego: Academic Press, p. 452-502.

POULOU, M. & NORWICH, B. (2000). "Teachers' causal attributions, cognitive, emotional, and behavioral responses to students with emotional and behavioral difficulties". In: *British Journal of Educational Psychology*, 70, p. 559-581.

REEVE, J. & CHEON, S.H. (2016). "Teachers become more autonomy supportive after they believe it is easy to do". In: *Psychology of Sport & Exercise*, 22, p. 178-189.

REEVE, J.; DECI, E.L. & RYAN, R.M. (2004). "A dialectical framework for understanding sociocultural influences on student motivation". In: McINENEY, D.M. & ETTEN, S.V. *Big theories revisited*. Connecticut: Age.

SANTOS, O.J.X. & BORUCHOVITCH, E. (2009). "Estratégias de aprendizagem na formação dos professores: uma análise da produção científica". In: *Educação*, 32 (3), p. 346-354. Porto Alegre.

SIMÃO, A.M.V. & FRISON, L.M.B. (2013). "Autorregulação da aprendizagem: abordagens teóricas e desafios para as práticas em contextos educativos". In: *Cadernos de Educação*, 45 (2), p. 2-20. Pelotas.

SCHUMACHER, D.J.; ENGLANDER, R. & CARRACCIO, C. (2013). "Developing the master learner: applying learning theory to the learner, the teacher, and the learning environment". In: *Academic Medicine*, 88 (11), p. 1.635-1.645.

SCHUNK, D.H. (1998). "Teaching elementary students to self-regulate practice of mathematical skills with modeling". In: SCHUNK, D.H. & ZIMMERMAN, B.J. *Self-regulated learning*: from teaching to self-reflective practice. Nova York: Guilford, p. 137-159.

SCHUNK, D.H. & ERTMER, P.A. (2000). "Self-regulation and academic learning: Self-efficacy enhancing interventions". In: BOEKAERTS, M.; PINTRICH, P.R. & ZEIDNER, M. *Handbook of self-regulation*. São Diego: Academic Press, 631-649.

SCHUNK, D.H.; MEECE, J.R. & PINTRICH, P.R. (2008). *Motivation in education*: Theory, research, and applications. Pearson Higher.

STEPHANOU, G.; GKAVRAS, G. & DOULKERIDOU, M. (2013). "The role of teachers' self-and collective-efficacy beliefs on their job satisfaction and experienced emotions in school". In: *Psychology*, 4 (3), p. 268.

THOONEN, E.E.J.; SLEEGERS, P.; OORT, F.J. & PEETSMA, T. (2011). "How to improve teaching practices: the role of teacher motivation, organizational factors, and leadership practices". In: *Educational Administration Quarterly*, 47 (3), p. 496-536.

TRICARICO, K. & YENDOL-HOPPEY, D. (2012). "Teacher Learning through Self-Regulation: An Exploratory Study of Alternatively Prepared Teachers' Ability to Plan Differentiated Instruction in an Urban Elementary School". In: *Teacher Education Quarterly*, p. 139-158.

TURNER, J.C.; WARZON, K.B. & CHRISTENSEN, A. (2011). "A. Motivating mathematics learning changes in teachers' practices and beliefs during a nine-month collaboration". In: *American Educational Research Journal*, 48 (3), p. 718-762.

VRIELING, E.M.; BASTIAENS, T.J. & STIJNEN, S. (2012). "Effects of increased self-regulated learning opportunities on student teachers' metacognitive and motivational development". In: *International Journal of Educational Research*, 53, p. 251-263.

WEINER, B. (1979). "A Theory of Motivation for some classroom experiences". In: *Journal of Educational Psychology*, 71 (1), p. 3-25.

ZENORINI, R.P.C.; SANTOS, A.A.A. & BUENO, J.M.H. (2003). "Escala de Avaliação das Metas de Realização: estudo preliminar de validação". In: *Avaliação Psicológica*, 2 (2), p. 165-173

ZIMMERMAN, B.J. (2011). "Enhancing self-reflection and mathematics achievement of at-risk urban technical college students". In: *Psychological Test and Assessment Modeling*, 53 (1), p. 141-160.

_____ (2002). "Becoming a self-regulated learner: An overview". In: *Theory Into Practice*, 41 (2), p. 64-70.

8
Orientações teóricas e práticas para trabalhar o mapa conceitual em sala de aula

Natália Moraes Góes
Evely Boruchovitch

Introdução

A Teoria da Aprendizagem Significativa desenvolvida por David Paul Ausubel surgiu nos anos de 1960 (NOVAK, 1990). Momento em que aspectos relacionados à cognição voltam a ser estudados pela psicologia. O foco principal da teoria centrava-se na aprendizagem escolar e poderia ser uma resposta às práticas educativas reacionárias, sendo o autor um dos primeiros a pensar na aprendizagem desta forma (PAIXÃO & FERRO, 2008; PELIZZARI; KRIEGL; BARON; FINCK & DOROCINSKI, 2002). Por meio dessa teoria, busca-se explicar como os mecanismos internos para a aprendizagem funcionam na mente humana e de que forma o conhecimento se estrutura (DISTLER, 2015).

Diante das características da teoria, Ausubel (2003) propõe que a aprendizagem escolar poderia ocorrer de duas formas: mecânica e significativa. Na aprendizagem mecânica, o conteúdo é aprendido de maneira literal e arbitrária e não se relaciona aos conhecimentos que os estudantes já aprenderam anteriormente. Já na aprendizagem significativa, o novo conhecimento é adquirido de forma não literal e não arbitrária. Assim, o estudante, diante de um novo conteúdo a ser aprendido, tentará aprendê-lo utilizando as suas próprias palavras e buscará relacioná-lo com algum conhecimento que ele já tem formado em sua estrutura cognitiva.

Embora a aprendizagem significativa e a mecânica pareçam dicotômicas, elas não o são completamente, uma vez que, para a aprendizagem de conceitos e conteúdos inteiramente novos, a aprendizagem mecânica é inevitável. No entanto, após o processo de aprendizagem dos conceitos, espera-se que esta aprendizagem se transforme em significativa (PAIXÃO & FERRO, 2008).

O conceito central da teoria desenvolvida por Ausubel (2003) é o de aprendizagem significativa, que consiste no processo de interação entre o conhecimento novo e o conhecimento já existente na estrutura cognitiva do estudante. Quando o conteúdo novo se articula com outras ideias, conceitos ou proposições relevantes e inclusivos disponíveis na estrutura cognitiva do estudante, pode-se dizer que ocorreu a aprendizagem significativa. Esse processo gera mudanças tanto no material novo a ser aprendido quanto no já aprendido, tornando-o mais amplo, específico e rico em significados. Para Ausubel (2003) a mente humana, em seus aspectos cognitivos, constitui-se por uma estrutura organizada e hierarquizada de conhecimentos e está constantemente se diferenciando mediante a aquisição de novos significados (DISTLER, 2015).

Ao seguir os pressupostos da teoria, é possível afirmar que, para a ocorrência da aprendizagem significativa é essencial saber o que o aluno já sabe, para que, diante disso, o material novo seja introduzido e relacionado aos conhecimentos preexistentes na estrutura cognitiva do sujeito (AUSUBEL, 2003; SOUZA & BORU-CHOVITCH, 2010). Os conhecimentos já existentes na estrutura cognitiva do estudante são denominados conhecimentos prévios. Os conhecimentos prévios são considerados o fator mais importante da aprendizagem, uma vez que servirão de âncora ou suporte para a aquisição de novos conhecimentos. Aos conhecimentos prévios especificamente relevantes para a aprendizagem de um determinado conteúdo dá-se o nome de subsunçores. Estes se caracterizam por serem inclusivos e específicos, uma vez que o estudante os elege para servir de ponto de ancoragem para a aprendizagem de um conceito novo (MOREIRA, 2013; PAIXÃO & FERRO, 2008).

Na literatura são localizadas três tipos de aprendizagem significativa: a representacional, a de conceitos e a proposicional. A aprendizagem representacional consiste em atribuir significado a palavras e símbolos isolados. Esse tipo de aprendizagem se caracteriza como a aprendizagem mais básica, na qual os estudantes nomeiam, classificam e definem funções para as palavras. A aprendizagem de conceitos é mais complexa do que a representacional e consiste em aprender os significados dos símbolos. Já a aprendizagem proposicional, mais complexa do que as demais, se refere a aprender o significado que está além da codificação das palavras ou conceitos. Consiste em aprender o significado das ideias.

Ao seguir os pressupostos da Teoria da Aprendizagem Significativa, a assimilação do conteúdo aconteceria da seguinte forma. Primeiramente uma nova ideia é recebida, seja por meio de descoberta, quando o estudante descobre determinada informação, ou por meio de recepção, quando o estudante recebe uma informação pronta, do professor, por exemplo. Essa nova ideia, potencialmente significativa, é relacionada a um conhecimento já existente na estrutura cognitiva do estudante, o que originará uma estrutura altamente diferenciada. Tanto a nova informação potencialmente significativa quanto o subsunçor sofrerão modificações, formando o produto da interação. Ao aprender, o estudante modificará tanto a sua estrutura cognitiva, tornando o subsunçor já presente nele mais rico e diferenciado, como também modificará a nova informação recebida.

Para que a aprendizagem seja significativa, três condições são necessárias, de acordo com Pelizzari et al., 2002. Primeiramente, o material novo precisa se associar de alguma forma com a estrutura cognitiva do estudante. O material também deve ser potencialmente significativo e apresentar algumas características que possibilitem o estabelecimento de relações entre os conceitos. Ademais, a intenção e a disposição positiva para aprender de forma significativa por parte do estudante são também condições essenciais.

Cabe ressaltar que, em alguns casos, o estudante não apresenta subsunçores para ancorar a nova informação, sendo necessário o uso dos organizadores prévios. A principal função do organizador prévio é servir como ponte entre o que o estudante já sabe e o que ele precisa saber para aprender um conteúdo de forma significativa (MOREIRA, 2013).

Os organizadores prévios são materiais introdutórios, mais abstratos, generalizáveis e inclusivos oferecidos pelos professores com o objetivo de suprir a ausência de subsunçores. Uma introdução, uma imagem, uma analogia ou uma simulação são exemplos de organizadores prévios. Além dessa função, o organizador prévio é um importante facilitador da aprendizagem significativa, uma vez que, é a partir dele que os estudantes desenvolverão os subsunçores e poderão relacionar os novos conhecimentos com os conhecimentos já existentes em sua estrutura cognitiva. Além dos organizadores prévios, o mapa conceitual também é reconhecido na literatura como um recurso que facilita a aprendizagem significativa (NOVAK, 1990; SOUZA & BORUCHOVITCH, 2010).

Desenvolvido na década de 1970 por Joseph Novak, o objetivo inicial do mapa conceitual era representar a estrutura do conhecimento dos estudantes antes e depois de receberem instrução. Com o passar do tempo, verificou-se que ele poderia ser uma ferramenta útil para os estudantes passarem da aprendizagem mecânica para a significativa (NOVAK, 1990).

O mapa conceitual pode ser definido como um diagrama que indica relações entre conceitos e palavras. Ele não busca classificar conceitos, mas sim relacioná-los e hierarquizá-los (MOREIRA, 2012). Além de ser um facilitador da aprendizagem significativa, os mapas conceituais podem ter outras funções, entre elas: uma ferramenta avaliativa, um recurso de ensino e aprendizagem e um organizador curricular.

Como uma ferramenta avaliativa, o mapa conceitual, quando bem utilizado, pode promover a avaliação formativa (SOUZA & BORUCHOVITCH, 2010). Essa avaliação consiste em informar tanto o professor quanto o aluno sobre a aprendizagem. Refere-se a um instrumento auxiliar para a aprendizagem, uma vez que possibilita a correção de deficiências no decorrer do processo. Permite ao professor acompanhar todo o processo de construção do conhecimento de seus alunos, e não apenas o seu produto final (LUCKESI, 2000). No entanto, se o mapa conceitual for utilizado apenas como forma de classificar os alunos, desconsiderando o processo de construção do conhecimento, o seu uso não gerará uma avaliação formativa. A mera utilização do mapa conceitual não garante que a aprendizagem será significativa e muito menos que a avaliação será formativa. É, pois, imprescindível que os professores saibam quando, onde e como utilizar o mapa conceitual para que possam usufruir de todos os seus benefícios.

Enquanto recurso de ensino e aprendizagem, o mapa conceitual pode ser empregado para ensinar conteúdos novos, uma vez que possibilita demonstrar as relações entre os diferentes conceitos. Como um recurso de ensino e aprendizagem, o mapa conceitual possibilita a fuga de uma educação tradicional, pois parte do pressuposto que o conhecimento não é centrado somente no professor. Instiga a autonomia e o papel ativo dos estudantes com relação à própria aprendizagem, além de estimular o trabalho coletivo e colaborativo entre eles.

Como um organizador curricular, o mapa conceitual auxilia os estudantes a compreenderem a sequência didática dos conteúdos estudados. Muitas vezes os estudantes não compreendem as relações entre um conteúdo e outro que estão estudando, o que torna difícil o uso dos subsunçores. Ao utilizar o mapa conceitual como um organizador curricular, os estudantes poderão visualizar as relações entre os conteúdos que serão trabalhados no decorrer da disciplina, o que facilitará a aprendizagem significativa.

Como forma de promover a aprendizagem de um novo conteúdo, é mais benéfico solicitar que os estudantes construam os seus próprios mapas conceituais, ao invés de lhes entregar um mapa conceitual pronto. Ao construir o mapa conceitual, os estudantes trabalharão muito mais com a informação a ser aprendida e conferirão um significado idiossincrático às relações estabelecidas entre os conceitos, o que auxiliará o armazenamento e a recuperação da informação (NOVAK, 1990).

Além dos benefícios do uso do mapa conceitual expostos até o momento, pode-se somar a eles a promoção da aprendizagem autorregulada. A autorregulação da aprendizagem refere-se ao processo por meio do qual os estudantes controlam a própria cognição, comportamento e emoção com a finalidade de atingir uma determinada meta pessoalmente estabelecida (ZIMMERMAN, 2002; ZIMMERMAN & KITSANTAS, 2014).

Estudantes autorregulados apresentam características distintas. Conhecem várias estratégias de aprendizagem e as utilizam com propriedade, reconhecem o melhor momento e em quais tarefas utilizá-las; apresentam um sofisticado conhecimento metacognitivo, uma vez que possuem conhecimento refinado sobre o seu próprio pensamento e aprendizagem; monitoram e modificam o uso das estratégias cognitivas de modo eficaz, quando percebem a necessidade; demonstram alto nível de motivação e persistem em seus esforços para atingir a meta traçada (BEMBENUTTY, 2007a; SCHUNK & ZIMMERMAN, 1998).

As estratégias de aprendizagem são caracterizadas por procedimentos mentais utilizados pelos estudantes no momento da aquisição, armazenamento e recuperação da informação. Há na literatura inúmeras classificações para as estratégias de aprendizagem. Entre elas destaca-se a taxonomia que divide as estratégias de aprendizagem em cognitivas e metacognitivas (BORUCHOVITCH, 1999; DEMBO, 1994). Como uma estratégia de aprendizagem, os mapas conceituais são classificados como uma estratégia cognitiva de organização.

As estratégias de organização focam em uma nova organização e elaboração do material a ser aprendido em um tipo de forma gráfica, com a finalidade de ajudar o estudante a criar significado para aquele novo material que ele precisa aprender. É uma estratégia utilizada para que o estudante confira uma organização cognitiva ao material a ser aprendido de forma que este material passe a lhe apresentar um maior significado (WEINSTEIN; ACEE & JUNG, 2011). Além disso, a literatura tem considerado o mapa conceitual como uma estratégia de aprendizagem passível de ser ensinada (MOREIRA, 2012, 2013; SOUZA & BORUCHOVITCH, 2010).

Não existe uma estrutura fixa para a construção dos mapas conceituais, porém alguns componentes são necessários para caracterizar um diagrama como um mapa conceitual: os conceitos, as palavras de enlace e as proposições. Os conceitos são representações do objeto pelo pensamento, expressos por palavras que servem para descrever e particularizar. As palavras de enlace têm a função de ligar os conceitos; por isso não podem ser quaisquer palavras. Precisam evidenciar essa relação. Para ligar um conceito a outro é importante utilizar poucas palavras, uma a duas são suficientes para estabelecer a relação entre dois conceitos. Já a proposição é composta por dois ou mais conceitos unidos pelas palavras de enlace. Assim, dois conceitos mais as palavras de enlace formam uma proposição.

Na construção do mapa conceitual é essencial definir e diferenciar o que é conceito principal, o que é conceito secundário e o que são as palavras de enlace. Para destacar os conceitos podem ser utilizadas figuras geométricas distintas, cores de canetas diferentes e até letras de tamanhos diversos. As palavras de enlace também devem ser destacadas das demais. Geralmente as pala-

198

vras de enlace se apresentam nos mapas conceituais em cima das linhas e das setas que conectam um conceito a outro. Essas são algumas das formas de distinção desses componentes, porém existem outras formas que podem ser utilizadas para simbolizá-los. Tudo dependerá da criatividade de quem estiver construindo o mapa conceitual.

Os mapas conceituais podem apresentar estrutura unidimensional ou bidimensional. Na estrutura unidimensional os conceitos são apresentados basicamente em formato de lista, de modo linear e vertical. Estudantes com pouca familiaridade com o assunto e nas primeiras tentativas de elaboração do mapa constroem mapas com dimensões unidimensionais. Já os mapas bidimensionais promovem conexões horizontais e verticais, o que favorece uma visão mais ampla da inter-relação entre os conceitos. Os mapas conceituais adquirem estruturas bidimensionais após algumas tentativas dos estudantes. Vale ressaltar que a quantidade de conexão entre os conceitos e a estrutura adotada no mapa conceitual refletem o nível de compreensão do estudante sobre o conteúdo.

Em linhas gerais, os mapas conceituais que apresentam estrutura unidimensional e poucas conexões entre os conceitos demonstram que o conteúdo não foi tão bem compreendido pelos estudantes. Já os mapas conceituais que apresentam várias conexões entre os conceitos e estrutura bidimensional evidenciam uma compreensão mais profunda. Quanto mais conexões corretas o estudante estabelecer entre os conceitos, maior será a sua compreensão do conteúdo e mais fácil será a sua recuperação posteriormente, pois essas conexões já foram realizadas na estrutura cognitiva do aluno.

Novak (1990), ao fazer uma análise de estudos que tiveram por foco o ensino dos mapas conceituais em salas de aula dos ensinos Fundamental e Médio, constatou que estudantes do 1º ano do Ensino Fundamental, ao serem ensinados a utilizar os mapas conceituais, demonstraram êxito em sua elaboração. Evidências de sucessos foram verificadas ao aplicar o mapa conceitual na disciplina de Ciências no Ensino Fundamental II. Em outro estudo, os estudantes evidenciaram sucesso na resolução de problema quando utilizaram o mapa conceitual. Outra pesquisa apresentou pequenas correlações entre o sucesso na aquisição da habilidade do mapa conceitual e a pontuação nos testes. Porém, constatou-se que utilizar outra estratégia educacional em conjunto com o mapa conceitual conduz a um melhor desempenho. As poucas correlações entre o sucesso na aquisição da habilidade do mapa conceitual e a pontuação nas provas foram justificadas em outro estudo realizado por Novak (1990). O autor constatou que medidas convencionais de desempenho são pobres indicadores de sucesso e não conseguem captar o quanto se aprendeu por meio do uso de mapas conceituais.

Frente aos benefícios de utilizar os mapas conceituais, faz-se necessário que professores, independentemente do nível escolar em que atuam, ensinem e incentivem seus estudantes a utilizarem esta estratégia de aprendizagem, a fim de que aprendam significativamente. No entanto, para que os professores ensinem e promovam o uso do mapa conceitual em suas salas de aula, é impreterível que eles saibam utilizá-lo com propriedade e reconheçam na prática os seus benefícios. Diante disso, o presente capítulo tem por objetivo apresentar orientações sobre como trabalhar com o mapa conceitual em sala de aula com alunos e com professores em exercício. Essas orientações advêm tanto da literatura quanto de uma experiência real realizada com os professores do Ensino Médio (GÓES & BORUCHOVITCH, 2017; GÓES & BORUCHOVITCH [no prelo]).

Assim, serão apresentadas orientações gerais oriundas da literatura que investigam os mapas conceituais, sobre como trabalhá-los em sala de aula com alunos e professores em atuação, com a finalidade de que professores possam se beneficiar e aplicá-los na prática. Além disso, serão relatadas, ao longo do capítulo, algumas situações práticas advindas do ensino e da aplicação do mapa conceitual com professores do Ensino Médio. Por meio dessas situações, espera-se enriquecer o trabalho e conferir maior significado às orientações baseadas na literatura.

O trabalho com o mapa conceitual: da teoria à prática

O trabalho com práticas autorreflexivas em cursos de formação continuada de professores é reconhecido como um caminho frutífero para a consolidação de um processo de ensino e aprendizagem mais eficiente e promotor de habilidades autorregulatórias (BEMBENUTTY, 2007b; BORUCHOVITCH, 2014; BORUCHOVITCH & GANDA, 2013). Nesse sentido, recomenda-se que, ao se realizar um trabalho sobre mapa conceitual com professores, o encontro se inicie com algumas questões que possam conduzi-los à reflexão sobre essa estratégia.

No Quadro 1 algumas questões autorreflexivas para trabalhar com os mapas conceituais são sugeridas.

Quadro 1 Questões autorreflexivas para trabalhar no início da aula sobre mapas conceituais

Questões autorreflexivas sobre mapas conceituais
1) Quando está lendo um texto de estudo você busca dar uma nova organização às informações contidas neste texto? Se sim, por que você faz isso?
2) Você tem algum critério para criar essa nova organização do texto?
3) Você já ouviu falar sobre mapas conceituais? Sabe do que se tratam?

Fonte: Góes e Boruchovitch, 2017.

As questões autorreflexivas, além de conduzirem os alunos e professores à reflexão sobre o mapa conceitual, auxiliam e norteiam o trabalho de quem está ministrando a formação, uma vez que revelam o conhecimento prévio dos participantes sobre o assunto. Assim, diante de um público que pode indicar nunca ter ouvido falar sobre mapa conceitual, o posicionamento será um. No entanto, frente a professores e alunos que informem conhecer e até utilizar a ferramenta em sala de aula, as orientações poderão ser mais aprofundadas.

Muitos professores podem conhecer o mapa conceitual como uma estratégia de aprendizagem. O que não necessariamente garante que usem o mapa conceitual da forma mais completa ou que saibam avaliar a aprendizagem de seus alunos por meio dele.

Sugestões práticas para trabalhar a elaboração de mapas conceituais

Para trabalhar com o mapa conceitual é essencial, primeiramente, apresentar a teoria que o fundamenta. Assim como apontado anteriormente, faz-se necessário que professores e alunos compreendam por que o uso do mapa pode ajudar na aprendizagem, quais os seus benefícios, como utilizá-lo corretamente e como avaliá-lo. Ao ter esses conhecimentos, eles passarão a utilizar o mapa conceitual não como uma simples técnica, mas como uma estratégia de aprendizagem.

Sugere-se que a fundamentação teórica sobre os mapas conceituais se inicie com a definição do que ele é e o distinga de outros diagramas parecidos, como é o caso do fluxograma e dos mapas mentais. A Figura 1 apresenta um exemplo do *slide* utilizado com os professores (GÓES & BORUCHOVITCH, 2017).

Figura 1 Proposta de *slide* sobre a definição de mapas conceituais

O que são mapas conceituais?

· Diagramas indicando relações entre conceitos ou entre palavras.

· Ferramentas para organizar e representar conhecimentos.

· Representações gráficas em que os nós, pontos ou vértices representam conceitos e as ligações retratam a relação entre esses conceitos.

Fonte: Góes e Boruchovitch, 2017.

Na parte da fundamentação teórica é importante que os conceitos-chave da Teoria da Aprendizagem Significativa sejam explorados, bem como é essencial delimitar de forma bem concisa como os mapas conceituais se inserem na teoria. Na Figura 2 são apresentados dois conceitos principais da teoria de Ausubel: a aprendizagem mecânica e a aprendizagem significativa.

Figura 2 Modelo de *slide* utilizado para diferenciar a aprendizagem mecânica da aprendizagem significativa

Teoria da Aprendizagem Significativa

· *Aprendizagem mecânica*: sem atribuição de significado pessoal e sem relação com o conhecimento preexistente.

· *Aprendizagem significativa*: processo dinâmico de transformação do conhecimento novo e do preexistente.

· Um novo conhecimento nunca é internalizado de maneira literal e arbitrária.

Fonte: Góes e Boruchovitch, 2017.

Destacar durante a fundamentação teórica os diferentes tipos de mapas conceituais e o que cada um representa para a aprendizagem é um fator determinante para que os professores e alunos se empenhem em identificar as relações entre os conceitos e elaborem mapas conceituais ricos, constituídos por várias relações. A Figura 3 representa um modelo de *slide* em que são apresentadas as distinções entre um mapa com estrutura unidimensional e outro bidimensional.

Figura 3 Modelo de *slide* sobre as diferentes estruturas de mapas conceituais

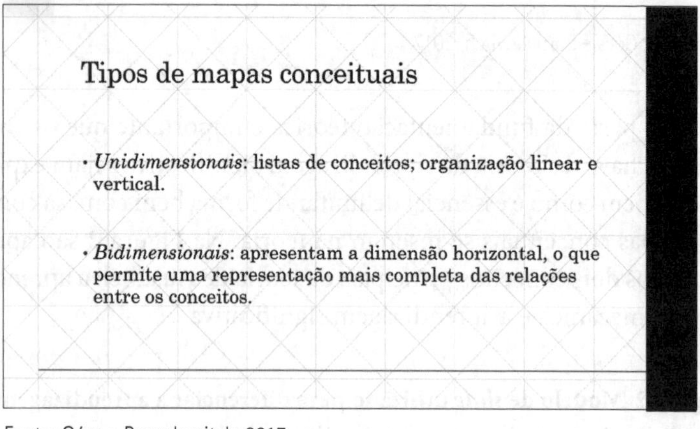

Fonte: Góes e Boruchovitch, 2017.

Saber como avaliar os mapas conceituais é primordial para o efetivo uso dessa estratégia de aprendizagem. Se, ao avaliar o mapa conceitual, somente é visualizado o produto final, sem considerar todo o processo de construção do conhecimento, o uso do mapa perde todo o sentido. Assim, no momento da fundamentação teórica foi e pode ser utilizado o *slide* da Figura 4 para esclarecer sobre o processo de avaliação dos mapas conceituais.

Figura 4 Modelo de *slide* com orientações sobre como avaliar mapas conceituais

Como avaliar mapas conceituais?

- Não existem mapas conceituais errados.
- Observar se o mapa dá evidências de que os alunos estão aprendendo significativamente o conteúdo.
- Considerar os significados pessoais.
- Explicações orais ou escritas em relação aos mapas facilitam a tarefa de interpretação do professor.

Fonte: Góes e Boruchovitch, 2017.

Como mostra a Figura 4, não existem mapas conceituais errados. Todas as estruturas de mapas estão corretas. O que existem são estruturas mais elaboradas do que outras e conceitos que, às vezes, não são associados a outros. Para compreender se um conceito foi relacionado a outro de forma equivocada ou não, é preciso que o autor do mapa o apresente. Só dessa forma será possível compreender quais foram as relações cognitivas estabelecidas pelo aluno. Ressalta-se, pois, a necessidade de o mapa conceitual ser sempre apresentado por quem o construiu.

A escolha do texto que será indicado para a construção do mapa conceitual deve ser feita de forma bastante cuidadosa, como indica Moreira (2012):

a) O texto precisa apresentar conceitos. Se não houver conceitos inviabiliza-se a realização do mapa.

b) O conteúdo trabalhado no texto não pode ser inédito para quem construirá o mapa. É preciso levar textos nos quais os assuntos já tenham sido trabalhados anteriormente. Isso facilita a construção do mapa e possibilita a construção de mapas ricos em conexões entre os conceitos.

c) O texto deve ser lido antes da aula em que o mapa conceitual será construído, pois ao ler o texto antes, acredita-se que ele será lido com mais atenção, utilizando estratégias de aprendizagem que contribuirão para a compreensão do texto.

Cabe ressaltar o quão fundamental é a compreensão do texto para a construção do mapa conceitual. Maiores informações sobre compreensão de texto podem ser encontradas no capítulo 2 deste livro. O estudante precisa, de fato compreender as relações que o autor estabelece entre os conceitos durante a leitura, para que ele desenvolva, a partir dos seus conhecimentos prévios, essas relações em sua estrutura cognitiva, o que lhe possibilitará a construção do mapa conceitual.

As orientações sobre como construir o mapa conceitual devem ser dadas na parte teórica da formação. Para a construção dos mapas conceituais sugere-se o uso do passo a passo, construído a partir das considerações de Moreira (2012) e Souza (2013), e avaliado em Góes e Boruchovitch (2017), Góes, Dantas e Boruchovitch (2017), o qual pode ser visualizado no Quadro 2.

Quadro 2 Passo a passo para a construção do mapa conceitual

Orientações que deverão ser trabalhadas pelo formador com os participantes que confeccionarão os mapas conceituais:

Em sala de aula, o formador deve solicitar aos participantes que:

1) Dividam-se em grupos 3 a 4 pessoas.

Importante: O texto que será utilizado para a construção do mapa conceitual deve ser lido previamente por cada aluno e discutido no grupo.

2) Localizem os conceitos-chave apresentados no texto.

3) Definam em folha à parte o que significa cada conceito-chave identificado pelos participantes.

4) Organizem os conceitos em uma lista, ordenando-os do mais geral para o mais específico.

5) Construam um rascunho do mapa conceitual, distribuindo os conceitos em uma ou mais dimensões e já buscando indicar as relações entre eles. Escolha as palavras de ligação que serão utilizadas para conectar os conceitos. É importante lembrar aos alunos que as palavras de ligação não necessariamente estarão no texto. Em muitos casos, eles precisarão criá-las.

6) Liguem os conceitos com linhas e escrevam as palavras de ligação em cima das linhas.

Importante: Setas também podem ser utilizadas para ligar os conceitos.

7) Revisem o rascunho final.

8) Elaborem a versão final do mapa conceitual.

Importante: O grupo deverá definir de que forma serão diferenciados os conceitos-chave das palavras de ligação. Para isso é essencial o formador oferecer materiais diversos para a confecção do mapa conceitual, como: folhas coloridas, régua, canetas coloridas, tesoura e *post it*, entre outros.

9) Apresentem para os colegas os mapas conceituais construídos e discussão.

Após a explicação do passo a passo, é fundamental que o formador acompanhe todas as partes da construção dos mapas conceituais em todos os grupos e que retome os passos, sempre que necessário. Durante a construção do mapa conceitual, algumas orientações importantes devem ser passadas aos professores e estudantes. A quantidade de conceitos-chave dependerá do tamanho do texto; no entanto, autores sugerem que sejam selecionados de 6 a 10 conceitos. No momento da construção do mapa conceitual, caso surjam dúvidas quanto à definição dos conceitos e as relações entre eles, o texto pode ser retomado e as dúvidas esclarecidas. O formador, ao pedir aos professores e alunos que conectem os conceitos, deve ressaltar que usem flechas com cautela, para que o mapa conceitual não se torne um diagrama de fluxo. Após as apresentações deve-se alertar aos professores e alunos que é normal surgirem novas formas de organização do mapa conceitual. Não há problemas quanto a isso. A partir dessas novas ideias de organização e estruturação do mapa conceitual, ele pode ser modificado e outras relações estabelecidas.

Todas as orientações passadas no presente capítulo são passíveis de serem aplicadas nos mais diferentes contextos de formação (educação básica, universitária e formação continuada). Nos exemplos relatados no presente capítulo, as atividades foram aplicadas a professores do Ensino Médio; porém, essas mesmas orientações também já foram testadas e trabalhadas com estudantes de cursos de licenciatura. Para isso, algumas modificações foram feitas para adequar os conteúdos à realidade dos estudantes (GÓES & BORUCHOVITCH, 2017; GÓES; DANTAS & BORUCHOVITCH, 2017).

Considerações finais

O trabalho com os mapas conceituais tem se revelado um importante recurso para a promoção da aprendizagem significativa e também tem evidenciado aumento na motivação para aprender entre aqueles que o estão construindo. Espera-se que, por meio deste capítulo, alunos e professores, independentemente do nível escolar em que se encontram, compreendam o valor dessa estratégia de aprendizagem para a promoção da aprendizagem significativa e passem a utilizar os mapas conceituais tanto para aprender quanto para ensinar, no caso dos professores.

Além disso, busca-se sensibilizar os cursos de formação de professores e de formação continuada quanto à importância de preverem, em suas grades curriculares, o ensino dos mapas conceituais não apenas como uma técnica, mas como uma ferramenta promotora da aprendizagem e inserida em um referencial teórico reconhecido pela literatura.

Referências

AUSUBEL, D.P. (2003). *Aquisição e retenção de conhecimentos*: uma perspectiva cognitiva. Lisboa: Plátano [Trad. L. Teopisto].

BEMBENUTTY, H. (abr./2007a). *Self-regulation of learning and academic delay of gratification among Korean college students* [Paper apresentado na reunião anual da *American Educational Research Association*. Chicago].

_____ (abr./2007b). *Preservice teachers' motivational beliefs and self-regulation of learning* [*Paper* apresentado na reunião annual da *American Educational Research Association*. Chicago].

BORUCHOVITCH, E. (2014). "Autorregulação da aprendizagem: contribuições da psicologia educacional para a formação de professores" [Versão eletrônica]. In: *Revista Quadrimestral da Associação Brasileira de Psicologia Escolar e Educacional*, 18 (3), p. 401-409.

_____ (1999). "Estratégias de aprendizagem e desempenho escolar: considerações para a prática educacional". In: *Psicologia*: Reflexão e Crítica, 12 (2).

BORUCHOVITCH, E. & GANDA, D.R. (2013). "Fostering self-regulated skills in an educational psychology course for Brazilian preservice teachers". In: *Journal of Cognitive Education and Psychology*, 12 (2), p. 157-177.

DEMBO, M.H. (1994). *Applying educational psychology*. 5. ed. Nova York: Longman.

DISTLER, R.R (2015). "Contribuições de David Ausubel para a intervenção psicopedagógica". In: *Revista Psicopedagogia*, 32 (98), p. 191-199 [Disponível em http://pepsic.bvsalud.org/scielo.php?script=sci_arttext& pid=S0103-84862015000200009 – Acesso em 25/03/2018].

GÓES, N.M. & BORUCHOVITCH, E. (2017). *Uma proposta de formação autorreflexiva para a promoção das estratégias de aprendizagem entre docentes em exercício e futuros professores* – Procedimentos de intervenção desenvolvidos. Campinas: Unicamp [Não publicado].

_____ [no prelo]. "O uso do mapa conceitual na formação de futuros professores em disciplina de estágio supervisionado: um relato de experiência". *In: Psicologia*: Ensino & Formação.

GÓES, N.M.; DANTAS, A.M.C.C. & BORUCHOVITCH, E. (2017). *Mapas conceituais: da teoria à prática* – Um relato de experiência [Poster apresentado na sessão Inovações nas estratégias educacionais do Seminário Inovações em Atividades Curriculares. Campinas [Não publicado].

LUCKESI, C.C. (2000). Avaliação do aluno: a favor ou contra a democratização do ensino? In: LUCKESI, C.C. *Avaliação da aprendizagem escolar* 10. ed. São Paulo: Cortez.

MOREIRA, M.A. (2013). "Aprendizagem significativa em mapas conceituais". In: *Texto de Apoio ao Professor de Física*, 24 (6), p. 1-55 [Disponível em http://www.if.ufrgs.br/public/tapf/v24_n6_moreira_.pdf – Acesso em 18/10/2017].

_____ (2012). "Mapas conceituais e aprendizagem significativa". In: *Revista Chilena de Educação Científica*, 4 (2), p. 38-44 [Disponível em https://www.if.ufrgs.br/~moreira/mapasport.pdf – Acesso em 07/11/2017].

NOVAK, J.D. (1990). "Concept maps and Vee diagrams: two metacognitive tools to facilitate meaningful learning". In: *Instructional Science*, 19 (1), 29-52.

PAIXÃO, M.S.S.L. & FERRO, M.G.D. (2008). A Teoria da Aprendizagem Significativa, de David Ausubel. In: CARVALHO, M.V.C. & MATOS, K.S.A.L. *Psicologia da educação* – Teoria do Desenvolvimento da Aprendizagem em discussão. Fortaleza: UFC.

PELIZZARI, A.; KRIEGL, M.L.; BARON, M.P.; FINCK, N.T.L. & DOROCINSKI, S.I. (2002). "Teoria da Aprendizagem Significativa segundo Ausubel". In: *Revista PEC*, 2 (1), p. 37-42 [Disponível em http://portaldoprofessor.mec.gov.br/storage/materiais/0000012381.pdf – Acesso em 26/03/2018].

SCHUNK, D.H. & ZIMMERMAN, B.J. (1998). *Self-regulated learning*: from teaching to self-reflective pratice. Nova York: Guilford.

SOUZA, N.A.S. (2013). *Mapas conceituais como ferramenta avaliativa*. Londrina [Apostila da disciplina Mapas Conceituais: alternativa para ensinar, aprender e avaliar].

SOUZA, N.A.S. & BORUCHOVITCH, E. (2010). "Mapas conceituais: estratégias de ensino/aprendizagem e ferramenta avaliativa". In: *Revista em Educação*, 26 (3), p. 195-217 [Disponível em http://www.scielo.br/scielo.php?script=sci_arttext&pid=S0102-46982010000300010 – Acesso em 24/10/2017].

WEINSTEIN, C.E.; ACEE, T.W. & JUNG, J. (2011). "Self regulation and learning strategies". In: *New Directions for Teaching and Learning*, 16, p. 45-53.

ZIMMERMAN, B.J. (2002). "Becoming a self-regulated learner: an overview". In: *Theory into Practice*, 41 (2), p. 64-70.

ZIMMERMAN, B.J. & KITSANTAS, A. (2014). "Comparing students' self-discipline and self-regulation measures and their prediction of academic achievement". *Contemporary Educational Psychology*, 39, p. 145-155.

Posfácio

O presente livro foi concebido e escrito no intuito de divulgar um trabalho acadêmico de mais de duas décadas e, sobretudo, de compartilhar os resultados de diversos estudos e pesquisas desenvolvidos sob a orientação da Profa. Evely Boruchovitch, na Faculdade de Educação da Unicamp. Acreditamos no poder transformador da prática psicopedagógica e pedagógica na perspectiva da aprendizagem autorregulada e, conscientes de que a teoria sem a prática é "letra morta", oferecemos aos nossos leitores exemplos de diversas atividades reflexivas e, ao mesmo tempo, indicamos o "porquê" e o "para quê" aplicá-las.

Desejamos que sejam utilizadas nas mais diversas situações de ensino e de aprendizagem, de crianças, jovens ou adultos, de forma individual ou coletiva e que obtenham os resultados almejados.

No caso de produzirem material escrito para essas situações, apresentamos alguns modelos para a elaboração das citações e referências da obra em si, a fim de que possam dar o crédito às fontes, de forma devida, podendo assim despertar também o interesse de novos leitores e ampliar a pesquisa e a prática acerca da teoria e das atividades subjacentes a esses temas sugeridas no presente livro. Apresentamos também orientações para a utilização das atividades em situações práticas. Esclarecemos que todas essas citações são muito necessárias, pois se referem a direitos autorais.

Orientações para leitores que desejam citar o livro como um todo, seus capítulos separadamente e as atividades autorreflexivas contidas nos capítulos

1) Ao escrever uma ideia acerca do presente livro

Exemplo:

Boruchovitch e Gomes (2019) defendem que a aprendizagem autorregulada seja incrementada a partir da escolarização inicial.

Nas referências deve constar:

BORUCHOVITCH, E. & GOMES, M.A.M. (orgs.) (2019). Aprendizagem autorregulada: Como promovê-la no contexto educativo? Petrópolis: Vozes.

2) Ao escrever sobre capítulos específicos da obra

Exemplos:

Capítulo 1

O modelo de autorregulação descrito por Zimmerman (2013) esclarece aos educadores as dimensões da autorregulação e as etapas para o seu desenvolvimento, assim como as fontes de feedback necessárias para que o educando internalize o processo autorregulatório, tornando-se autônomos e proativos.

Nas referências deve constar:

GOMES, M.A.M. & BORUCHOVITCH, E. (2019). "O modelo de aprendizagem autorregulada de Barry Zimmerman – Sugestões práticas para desenvolver a capacidade de planejar, monitorar e regular a própria aprendizagem no contexto da educação básica". In: E. BORUCHOVITCH & M.A.M. GOMES (orgs.). Aprendizagem autorregulada: Como promovê-la no contexto educativo? Petrópolis: Vozes, p. 19-38.

Capítulo 6

Ganda e Boruchovitch (2019) descrevem um programa de intervenção destinado a professores, no qual são trabalhadas quatro dimensões: cognitiva, metacognitiva, afetiva/emocional e motivacional.

Nas referências deve constar:

GANDA, D.R. & BORUCHOVITCH, E. (2019). "Como promover a autorregulação da aprendizagem de futuros professores: descrição de um programa no Ensino Superior". In: E. BORUCHOVITCH & M.A.M. GOMES (orgs.). Aprendizagem autorregulada: Como promovê-la no contexto educativo? Petrópolis: Vozes, p. 145-168.

Importante: Esses dois exemplos servem como modelo de citação de cada um dos oito capítulos. Só é necessário que se alterem: o título do capítulo que se deseja referir e as páginas em que ele começa e termina. Essa diferença é fácil de ser visualizada quando se compara a citação do capítulo 1 e a do 6.

Citação em texto escrito de uma atividade reflexiva, de quadros e/ou figuras

Exemplo:

Exercício para autoavaliação da aprendizagem que está na página 132. Nas referências deve constar:

Nome(s) do(s) autor(es) da atividade e o ano, título da atividade, título capítulo que a atividade se encontra, o nome dos organizadores, o título do livro e as páginas (iniciais e finais) do capítulo a que se refere a atividade, tal como se segue:

Boruchovitch, E. (2009). Exercício para autoavaliação da aprendizagem. Como promover a aprendizagem autorregulada na formação inicial e continuada de professores? In: E. BORUCHOVITCH & M.A.M. GOMES (orgs.) (2019). Aprendizagem autorregulada: Como promovê-la no contexto educativo? Petrópolis: Vozes, p. 125-144.

Citação em texto escrito de uma atividade que foi traduzida e adaptada de outros autores

Exemplo:

Atividade de regulação emocional que está na página 153.

Nas referências deve constar:

Nome(s) do(s) autor(es) que traduziram e adaptaram a atividade e o ano, título da atividade, título capítulo que a atividade se encontra, o nome dos organizadores, o título do livro e as páginas (iniciais e finais) do capítulo a que se refere a atividade, seguidos dos autores originais da atividade e de informações de onde ela foi extraída tal como se segue:

Ganda, D.R. & Boruchovitch, E. (2017). Atividade de regulação emocional. Como promover a autorregulação da aprendizagem de futuros professores: descrição de um programa no Ensino Superior". In: E. BORUCHOVITCH & M.A.M. GOMES. (orgs.) (2019). Aprendizagem autorregulada: Como promovê-la no contexto educativo? Petrópolis: Vozes, p. 145-168. *Traduzida e adaptada de Dembo, M.H. & Seli, H. (2004).* Students' resistance to change in learning strategies courses. Journal of Developmental Education, 27, 2–9.

Como proceder ao usar alguma atividade ou exercício em situações práticas?

Sugerimos que as atividades sejam utilizadas do formato proposto no livro. Ao entregá-las aos participantes, além do nome da atividade, deve-se incluir nota contendo informações sobre o nome de seus autores, o ano, o nome do capítulo de onde ela foi extraída, o nome do livro e o nome dos organizadores, tal como pode ser visualizado nos quadros abaixo. Além de ser um direito autoral, os participantes de situações práticas nas quais as atividades sejam empregadas devem ser informados sobre a fonte original para poder acessá-la.

Exemplo 1

Boruchovitch (2019) sugere uma atividade muito interessante para desenvolver a capacidade de autoavaliação, à página 132: Parte II – Como promover a aprendizagem autorregulada na formação inicial e continuada de professores?

Exercício para autoavaliação da aprendizagem*
Boruchovitch, 2009

Na disciplina... eu, como formadora, concedo a nota 0,5 como nota máxima de autoavaliação a todos que realizarem a atividade abaixo, porque não quero prejudicar ninguém, mas quero que você realize uma reflexão sobre quanto, de fato, acha que merece e se autoatribuiria pelo seu desempenho, neste curso (p. ex.). Por favor, responda à proposição abaixo, com sinceridade.

- Eu acho que, de fato mereço a nota... (0,0 a 0,5 pt.) porque...

- Justifique sua resposta, explicitando os critérios que usou para se autoavaliar...

*Atividade desenvolvida por Evely Boruchovitch (2009) e extraída do capítulo "O modelo de aprendizagem autorregulada de Barry Zimmerman – Sugestões práticas para desenvolver a capacidade de planejar, monitorar e regular a própria aprendizagem no contexto da educação básica" do livro Aprendizagem autorregulada: Como promovê-la no contexto educativo? Organizado por Evely Boruchovitch e Maria Aparecida Mezzalira Gomes. Petrópolis: Vozes, 2019.

Ganda e Boruchovitch (2019) sugerem uma atividade de regulação emocional durante uma situação escolar ou acadêmica à página 153 (Parte II).

Atividade de regulação emocional*

Caro aluno,

Por favor, pense em uma **situação escolar ou acadêmica** que lhe cause alguma emoção negativa como, por exemplo, ansiedade, raiva, culpa, tristeza, entre outras. Agora, por favor, responda às questões* a seguir:

a) Escreva qual a situação que pensou e qual o tipo predominante de emoção que essa situação lhe causa.

b) Quais fatores (ex.: crenças, percepções, sensações físicas e comportamentos) você acha que contribuem para esse problema?

c) Que estratégias você acha que poderia usar para minimizar ou eliminar esse problema?

d) Você alguma vez já empregou alguma dessas estratégias para lhe ajudar numa situação como a que mencionou?

( ) Sim – Quais? Elas foram efetivas para minimizar o problema?

( ) Não – Por quê? Tentaria usá-las numa próxima vez?

*Questões adaptadas por Ganda e Boruchovitch (2016) de Dembo e Seli (2004) e extraídas do capítulo "Como promover a autorregulação da aprendizagem de futuros professores: descrição de um programa no Ensino Superior" do livro Aprendizagem autorregulada: Como promovê-la no contexto educativo? Organizado por Evely Boruchovitch e Maria Aparecida Mezzalira Gomes. Petrópolis: Vozes, 2019.

Sobre as autoras

Amélia Carolina Terra Alves Machado

Formada em Pedagogia pela Universidade Estadual de Londrina, é mestre pelo Programa de Mestrado em Educação da Universidade Estadual de Londrina e doutora pelo programa de Educação da Unicamp. Tem experiência na área de Educação, com ênfase em Psicologia Educacional, atuando principalmente nos seguintes temas: Estilo motivacional, Teoria da autodeterminação, Autorregulação da aprendizagem, Motivação extrínseca, Motivação intrínseca e recompensas externas, Formação docente e Educação a distância. Possui experiência na formação de professores atuando como docente no Polo de Educação a Distância da Fainsep em Londrina. Além disso, é coproprietária de uma empresa de formação e consultoria pedagógica, ministrando cursos, oficinas e palestras para estudantes e professores da educação básica e superior.

Danielle Ribeiro Ganda

Possui formação em Psicologia e pós-graduação em Psicopedagogia Escolar pela Universidade Federal de Uberlândia; é mestre e doutora em Educação pela Faculdade de Educação da Universidade Estadual de Campinas na Linha de Pesquisa Psicologia Educacional. A sua pesquisa de doutorado, financiada pela Fundação de Amparo à Pesquisa do Estado de São Paulo (Fapesp) teve como foco a "Autorregulação da aprendizagem de alunos do curso de formação de professores". Tem experiência na área educacional, trabalhando principalmente com os seguintes temas: Intervenção psicopedagógica, Motivação, Formação docente e Estratégias cognitivas e afetivas da aprendizagem. No momento, atua como palestrante, professora universitária em faculdades particulares do Estado de Minas Gerais e pesquisadora-colaboradora do Grupo de Estudos e Pesquisa em Psicopedagogia (Gepesp) da Faculdade de Educação da Unicamp.

Elis Regina da Costa

É professora-adjunta IV da Universidade Federal de Goiás (UFG, 2009), Regional Catalão (2012). Possui licenciatura (1994) e graduação em Psicologia pela Universidade Federal de Uberlândia (1995), mestrado (2000) e doutorado em Educação pela Universidade Estadual de Campinas (2005). Atuou como psicóloga na Instituição Cristã de Assistência Social de Uberlândia (Icasu) junto a crianças com vivência de rua (1995-1997). No Ensino Superior já atuou como professora de graduação em diversas instituições de ensino público e privado. Possui experiência na área de Psicologia e Educação e Psicologia do Desenvolvimento.

Miriam Cruvinel

Bacharelado em Psicologia pela Pontifícia Universidade Católica de Campinas, licenciatura em Psicologia pela Pontifícia Universidade Católica de Campinas. Especialização em Psicopedagogia pela Faculdade de Ciências Médicas Unicamp. Especialização em Terapia Cognitiva pelo ITC-SP. Mestre em Psicologia, Desenvolvimento Humano e Educação – Faculdade de Educação Unicamp. Doutora em Psicologia, Desenvolvimento Humano e Educação – Faculdade de Educação Unicamp. Consultora *ad hoc* de diversas revistas de psicologia e educação. Experiência nas áreas de Psicologia clínica e de Educação.

Natália Moraes Góes

Possui graduação em Pedagogia pela Universidade Estadual de Londrina (2012), mestrado em Educação pela Universidade Estadual de Londrina (2015). Doutoranda em Educação pela Universidade Estadual de Campinas (Unicamp, 2016). Atua principalmente com os seguintes temas: Ensino Superior, Leitura, Educação a distância, Tutoria e Estratégias de aprendizagem.